CONVITE À REFLEXÃO

A PAZ NA TEORIA
POLÍTICA DE
HOBBES

A PAZ NA TEORIA POLÍTICA DE HOBBES

Ligia Pavan Baptista

discurso editorial

A PAZ NA TEORIA POLÍTICA DE HOBBES
© Almedina, 2019
Publicado em coedição com a Discurso Editorial
AUTOR: Ligia Pavan Baptista
COORDENAÇÃO EDITORIAL: Milton Meira do Nascimento
EDITOR DE AQUISIÇÃO: Marco Pace
PROJETO GRÁFICO: Marcelo Girard
REVISÃO: Roberto Alves
DIAGRAMAÇÃO: IMG3
ISBN: 9788562938269

Dados Internacionais de Catalogação na Publicação (CIP)
(Câmara Brasileira do Livro, SP, Brasil)

Baptista, Ligia Pavan
A paz na teoria política de Hobbes / Ligia Pavan Baptista. -- São Paulo : Edições 70 : Discurso Editorial, 2019. -- (Convite à reflexão)

Bibliografia.
ISBN 978-85-62938-26-9 (Edições 70)

1. Filosofia política 2. Filósofos ingleses 3. Guerra (Filosofia) 4. Hobbes, Thomas, 1588-1679 5. Paz (Filosofia) 6. Política - Teoria I. Título. II. Série.

19-31254   CDD-320.01

Índices para catálogo sistemático:

1. Hobbes : Teoria política : Filosofia 320.01
Maria Paula C. Riyuzo - Bibliotecária - CRB-8/7639

Este livro segue as regras do novo Acordo Ortográfico da Língua Portuguesa (1990).

Todos os direitos reservados. Nenhuma parte deste livro, protegido por copyright, pode ser reproduzida, armazenada ou transmitida de alguma forma ou por algum meio, seja eletrônico ou mecânico, inclusive fotocópia, gravação ou qualquer sistema de armazenagem de informações, sem a permissão expressa e por escrito da editora.

Dezembro, 2019

EDITORA: Almedina Brasil
Rua José Maria Lisboa, 860, Conj.131 e 132
Jardim Paulista | 01423-001 São Paulo | Brasil
editora@almedina.com.br
www.almedina.com.br

Sumário

Introdução 11

Capítulo I
O estatuto científico da política e sua função prática ... 31

Capítulo II
Guerra e Paz 63

Capítulo III
A natureza humana 93

Capítulo IV
Justiça e Paz 129
   1 Se a lei de natureza é ou não lei 135
   2 Se a lei de natureza é ou não natural 139
   3 Se a lei de natureza é ou não a lei divina 140
   4 Se a lei de natureza é ou não a lei moral 143
   5 Se a lei de natureza é ou não a lei positiva 144
   6 Se a lei de natureza é ou não a lei no
     âmbito do direito internacional 149

Conclusão
Dos meios necessários para prevenir conflitos 159

Bibliografia 165

À minha família, em especial, Antonio Domingos Baptista, Ida Pavan Baptista, Fernando Pavan Baptista, Henrique Pavan, Rosária Pavan, Crodowaldo Pavan, Anna Pavan Cardim e Ignês Battisti de Carvalho.

"*Perché e´ Romani feciono, in questi casi, quello che tutti e´ principe savi debbono fare; li quali, non solamente hanno ad avere riguardo agli scandoli presenti ma a´ futuri, e a quelli com ogni industria obviare; perché, prevedendosi discosto, facilmente vi si puo rimediare; ma, aspettando che ti si appressino, la medicina non e a tempo, perché la malattia è divenuta incurabile.*" (Machiavelli, *Il Principe*, p. 20). (1)

1. "*Pois os romanos fizeram nestes casos aquilo que todos os príncipes sábios devem fazer: precaver-se não somente contra as discórdias atuais, como também contra as futuras, e evitá--las com toda a perícia porque, prevendo-as com ampla antecedência, podem facilmente remediá-las, mas esperando que se avizinhem não haverá tempo para tratá-las, pois a doença já se terá tornado incurável.*" (Maquiavel, 1973, p. 18).

Introdução

A teorização sobre política tem sido, desde o período da Grécia clássica, decorrente de momentos históricos revolucionários. A desestruturação da ordem pública provocada, seja por guerras civis, seja por invasões do estrangeiro, é diretamente proporcional ao surgimento de estudos exclusivamente dedicados ao tema da política, numa tentativa de, ao definir os direitos e deveres de governantes e governados, recuperar a paz e o desenvolvimento de Estados em crise.

O estudo da política, como área específica do conhecimento filosófico, tem em vista, acima de tudo, a prevenção de conflitos, seja na área interna, seja na área externa. O mais antigo ensaio de teoria política conhecido, a *República* de Platão, datado do século quarto a.C., tem como pano de fundo a crise da democracia ateniense em face da condenação de Sócrates. O objetivo do autor é construir de forma sistemática os alicerces para a constituição da Calipolis, a cidade ideal, buscando as soluções definitivas para os problemas da vida pública, com base no princípio da justiça. No mesmo sentido, A *Política* de Aristóteles tem por cenário histórico a conquista da Grécia pela Macedônia no ano de 338 a.C., e o fim definitivo da cidade-estado, na qual o cidadão grego antes realizava todo o potencial de sua natureza, por essência, política.

Representante maior da patrística, Santo Agostinho compõe os vinte e dois livros de sua obra *A Cidade de Deus* (413-426) movido pela tomada de Roma por Alarico em 410. Do mesmo modo, *O Defensor da Paz* (1324) de Marsílio de Pádua é escrito contra o papado que representava uma ameaça à paz mundial.

Antes da modernidade, o renascimento italiano, refletido no âmbito político na obra de Maquiavel, também se espelha na situação histórica. Destaque entre as obras que chegaram a compor um gênero literário de conselhos para que o governante se mantenha no poder, *O Príncipe,* de 1513, é fruto direto da permanente guerra entre as províncias italianas no século

XVI, assim como a questão da corrupção no plano político, verdadeira semente de destruição do Estado.

Esses são alguns exemplos, dentre muitos outros que poderiam ser citados, que comprovam o impulso da história, quando em períodos de crise e transição, para criar a chamada filosofia prática ou filosofia política que trata, sobretudo, da ação dos indivíduos, da origem da guerra e dos meios necessários à paz. Dentre os contratualistas, Rousseau talvez possa ser visto como única exceção à regra. Se a Guerra Civil inglesa, a Revolução Gloriosa e a Revolução Francesa movem respectivamente Hobbes, Locke e Kant em direção à investigação política, o autor do *Do Contrato Social* (1762) admite que é impulsionado em direção à política não por qualquer sentimento de inconformismo diante de acontecimentos históricos, mas por um sentimento de dever cívico. Satisfeito com a condição de cidadão livre de Genebra, o autor se sente no dever de investigar os assuntos da política para melhor exercer seu direito de voto. (Rousseau, 1978, págs. 51, 52).

Inversamente, o mais diretamente afetado pelos acontecimentos parece ser Hobbes. Se, em muitos sentidos, o autor introduz uma abordagem inédita e inovadora da política, por outro, seguindo a tradição grega, vincula sua obra política de modo direto ao período histórico conturbado em que vive.

Em muitas passagens de sua trilogia política, o autor reconhece explicitamente que, tanto sua própria vida quanto sua obra, foram fortemente modo afetadas pelos acontecimentos históricos que presencia de inconformado.

Profundamente abalado pelas desordens sociais que presencia em seu país, como expõe no prefácio do *Do Cidadão,* Hobbes interrompe, e na verdade abandona, suas investigações eminentemente teóricas sobre filosofia natural, e se volta para o estudo das causas dos conflitos e das guerras entre os indivíduos, assim como dos meios necessários para evitá-los.[1]

Numa tentativa de recuperar a antiga ordem do Estado, desestruturada pela Guerra Civil Inglesa, a filosofia política, tendo como principal característica sua necessidade premente, supera numa suposta escala de prioridades, o prazer da especulação gerado pela filosofia natural. Se não fosse o inconformismo do autor diante dos fatos históricos, não teria ele abandonado suas investigações na área de ciências naturais que, segundo Aubrey, lhe proporcionavam grande reconhecimento nos círculos da intelectualidade da Europa do século XVII. Cabe lembrar que a decisão de se dedicar ao tema da política irá abalar sua reputação de forma irreversível junto à Igreja, à monarquia inglesa, à recém fundada Royal Society e às Universidades.

(...) aconteceu, nesse ínterim, que meu país, alguns anos antes que as guerras civis se desencadeassem, já fervia com questões acerca dos direitos de do-

minação e da obediência que os súditos devem, questões que são as verdadeiras precursoras de uma guerra que se aproxima;(...) (Hobbes, 1992, p. 20).

Ainda como relato de seu testemunho inconformado da história, Hobbes, observando os acontecimentos históricos na Inglaterra entre os anos de 1640 e 1660, constata indignado, nas primeiras linhas de sua obra *Behemoth*, que o cenário histórico não poderia ser pior do que aquele que então observava. Os fatos o chocam de tal maneira que o autor não poderia mais permanecer indiferente. A Guerra Civil Inglesa exerce não somente uma decisiva influência na mudança de rumo das investigações do autor, como também em sua concepção pessimista da natureza humana.

Os fatos históricos exercem igualmente importante influência no estilo literário que o autor irá utilizar em seus tratados políticos. A opção pela linguagem direta, evitando deliberadamente a utilização de recursos estilísticos e retóricos, é consequência de sua indignação. A tentativa de compreender melhor os fatos, diante de tão assustadora realidade, impõe o estilo literário escolhido. Desculpando-se com seu leitor pelo tom que, algumas vezes, utiliza em sua linguagem, faz um apelo para que considere, acima de tudo sua dor, seu inconformismo e o objetivo final de seus tratados políticos. Se os fatos permearam o discurso com mais sentimento do que razão, comprometendo a pretensão de rigor científico do autor, este justifica-se previamente e pede a compreensão de quem o lê. Enfatizando, uma vez mais, que a finalidade de sua investigação não seria outra que a busca pela paz, Hobbes pede ao seu leitor que considere tal fim e sua dor acima de quaisquer excessos estilísticos que, em sua própria autoavaliação, comete involuntariamente. Se algumas vezes o tom do discurso ultrapassar os limites apropriados à linguagem científica, tal deslize deve ser compreendido à luz dos fatos históricos. (Hobbes, 1992, p. 23)

Mais do que uma simples indignação diante dos fatos históricos, Hobbes sente dor pelos acontecimentos que presencia em seu país. Muitas vezes, mais forte do que deveria ser para quem pretende fazer ciência, o estilo veemente do discurso reflete a dor de quem escreve, a qual, no caso do *Do Cidadão* e do *Leviatã*, é reforçada pelo autoexílio de onze anos na França que Hobbes, pressionado pelos acontecimentos, se impõe a partir do momento em que toma conhecimento de que a guerra civil seria inevitável (Hobbes, 1994, p. 24).

O turbulento contexto histórico, nitidamente presente em cada linha do texto hobbesiano, tanto no conteúdo quanto no estilo veemente que utiliza, eleva a teorização sobre política no autor ao primeiro plano da investigação filosófica. É ainda o momento histórico que impõe a investigação científica sobre a política como superior a todas as demais esferas do saber. Pelo seu caráter premente de cunho pragmático e utilitarista, a recém fundada ciência política é derivada do inconformismo do autor face aos acontecimentos. A necessidade da investigação, diante do contexto histórico, conduz a uma inversão do paradigma aristotélico das áreas do saber. Se, na visão do estagirita, a metafísica, também chamada filosofia teórica, seria superior à filosofia prática, justamente pela ausência de uma finalidade definida na investigação, Hobbes, induzido pelos fatos históricos que presencia, indica a superioridade do assunto em relação à filosofia natural, justamente por seu caráter utilitarista. A ciência política deve contribuir, de alguma forma, para a recuperação e a manutenção da paz no Estado e, por extensão, da paz entre Estados, propiciando ao cidadão um padrão de vida além do satisfatório para suprir suas necessidades básicas.

Entretanto, é preciso ressaltar que, embora tenha um papel central como impulso para que o autor abandone seus estudos na área de filosofia natural e se volte para o estudo da política, a história, definida pelo autor como um estudo dos fatos, não pode ser considerada a base da ciência política que o autor pretende fundar.

Ainda assim, a ciência política não deixa de ter base empírica. Para construir os alicerces da ciência política que pretende fundar, os dados da experiência devem se submeter ao exame rigoroso por parte da reflexão isolada e independente do próprio autor que, por sua vez, se inspira na precisão da geometria.

Por essa razão, se seu precursor Maquiavel fundamenta toda sua teoria nos ensinamentos dos príncipes e dos grandes homens do passado como base em sua concepção cíclica da história, Hobbes recusa por completo o papel da história enquanto base para o conhecimento científico. De modo contrário ao autor florentino, que juntamente com sua experiência prática no trato da coisa pública, toma a base dos conselhos que oferece aos príncipes como guia de suas ações, Hobbes, mesmo que sua admiração por Tucídides seja declarada, despreza a análise detalhada de inúmeros casos concretos extraídos da história.

Substituindo a história pela geometria, na busca do conhecimento claro e evidente, o contratualista inglês compartilha as regras do método apresentadas por seu contemporâneo Descartes. Ambos, buscando o pioneirismo no tema analisado, preferem desprezar todos os acontecimentos do passado, recusando, pela mesma razão, deliberadamente, o saber que pode ser adquirido através dos livros.

A manifesta pretensão de Hobbes em estar fundando algo inteiramente novo não admite que os acontecimentos do passado registrados nos livros sejam considerados como fontes apropriadas para o conhecimento científico sobre a moral e a política. A análise empírica dos conflitos do passado, tanto quanto a análise teórica das teorias precedentes, não tem lugar para o empreendimento cuja pretensão de originalidade seria uma das características fundamentais.

A busca pela paz é, portanto, o ponto central da teoria do Estado em Hobbes. Preservar a paz e, com ela, assegurar a preservação da vida constitui, por seu caráter evidente, a primeira e fundamental lei de natureza da qual derivam todas as demais leis do direito natural hobbesiano. Todas elas seriam, em última instância, indicadas pelo bom senso, como o melhor caminho em direção a um possível convívio social harmonioso.

A paz seria ainda, seguindo o raciocínio lógico do autor, o fim de todo o Estado instituído e sua busca deve considerar, não somente meios pacíficos, mas, inclusive, instrumentos da guerra, como último recurso, como meio para alcançá-la.

É preciso, no entanto, ressaltar que não é a mera sobrevivência da espécie o que Hobbes almeja, mas sim um estilo de vida no qual a garantia da segurança em relação ao fruto do próprio trabalho traria como consequência o conjunto de benefícios que garantiria o mais alto grau possível de conforto e bem-estar. A paz, no contexto da obra política do autor, não seria somente a garantia da sobrevivência humana, mas também a condição essencial para o seu progresso e desenvolvimento.

A ordem no interior do Estado é pré-requisito para que a humanidade atinja seu grau máximo de realização, a saber, tudo o que o cidadão inglês do século XVII pudesse usufruir em matéria de progresso, ciência, cultura, arte, letras, transporte e bens de consumo.

A ausência da paz seria igualmente responsável pela ausência de toda possibilidade de conhecimento. O inverso da constatação também é válido, ou seja, o conhecimento sobre o assunto, por parte dos súditos e soberanos, a respeito dos fundamentos da ciência política, é condição necessária e imprescindível à paz.

Por essa razão, como Hobbes constata em diversas passagens, uma das principais funções do cientista político seria a de combater a ignorância por intermédio da educação adequada.

A análise do estatuto da paz em Hobbes pode prosseguir pela elucidação da metáfora do Leviatã como um deus mortal. Como o próprio autor afirma, Leviatã é uma imagem extraída do Livro de Jó, Antigo Testamento, no qual aparece como um animal da mitologia fenícia. Na tradição bíblica, o animal tanto pode vir na forma de serpente, dragão ou crocodilo. Em todas as passagens em que aparece, seja em qualquer uma de suas formas, o monstro bíblico tem o poder de aterrorizar todos os que o cercam. O título escolhido, terrível na avaliação do próprio autor, tem por finalidade enfatizar o papel central que o medo exerce em toda a sua teoria política. Cabe ressaltar que, se o medo do castigo divino se desvincula do poder político por sua origem artificial, restaria concentrá-lo todo na pessoa artificial do soberano.

Assim como o termo príncipe para Maquiavel, Leviatã é utilizado por Hobbes para, de modo geral, designar aquele ou aqueles que agem na política do ponto de vista do governante. Leviatã pode igualmente ser o próprio soberano se for ele concentrado em uma só pessoa, no caso de uma monarquia, ou a própria soberania, no caso de uma aristocracia ou de uma democracia. Leviatã é um dos inúmeros sinônimos de Estado que Hobbes apresenta em sua investigação sobre política, tais como, sociedade civil, sociedade, governo, principado, cidade, nação, Estado Político, Estado Civil, governo civil, soberano, príncipe, pessoa artificial, pessoa fictícia, pessoa moral, corpo político, dentre outros.

Não é sem razão que Hobbes escolhe a poderosa imagem bíblica. A intenção é estabelecer a analogia entre o poder desse monstro mitológico e aquele que deve deter o Estado. Tal poder, nos dois casos, estaria fundado no medo.

O que significa a afirmação de caráter metafórico que define o Leviatã como um deus mortal? Significa, em primeiro lugar, que ele se equipara a Deus em seus poderes. Em segundo, que não há na terra nada que supere esse poder. Em terceiro, que ele, ao contrário de Deus, carrega consigo ao menos uma imperfeição: a imperfeição da mortalidade. Se Deus é perfeito e imortal, o Leviatã, seu equivalente no mundo humano, é passível de enfraquecimento e de morte. O argumento está fundado no caráter artificial do poder político. Sendo uma criação humana, o Leviatã seria tão mortal quando seu criador, pois nada do que é criado pelo homem, como ser mortal, pode ser imortal.

O ponto de partida de Hobbes, visto como heresia aos olhos da Igreja, seria o seguinte: o ser humano, obra de arte divina, ou seja, criatura, equiparando-se ao seu Criador, cria o Leviatã, de maior estatura e força que ele próprio para sua defesa e proteção. Desafiando os dogmas cristãos sem, entretanto, deixar de crer na existência de Deus, Hobbes atribui ao homem o poder de criar e, mais do que isso, de criar algo mais eficaz na preservação da espécie do que ele próprio, criação divina. O caráter mortal do Leviatã poderia ser interpretado como um limite dentro da teoria da soberania absoluta no autor, ainda que a ideia de soberania limitada seja considerada um absurdo na lógica hobbesiana. Outro limite aceito por Hobbes que, no entanto, não fere o caráter absoluto do soberano, está no direito que o cidadão tem de resistir à obediência em certos casos determinados de abuso de poder por parte do Estado.

É lícito recusar a obediência quando esta, por parte do cidadão, não prejudica o fim para o qual a soberania foi criada, ou quando o próprio soberano contraria deliberadamente tal fim, ou seja: a preservação da paz e da defesa comum.

Retomando a metáfora que estabelece o Leviatã como um deus mortal, podemos questionar o que significa então a morte do Estado? A morte do Leviatã é uma imagem metafórica que deriva de outra metáfora clássica da teoria política: a analogia aristotélica entre o corpo humano e o corpo político. Se Aristóteles define a cabeça como sendo a soberania, Hobbes, retomando a mesma analogia na Introdução do *Leviatã*, dá vida a esse corpo político, dotando-o de alma. A alma, fonte da vontade desse corpo, seria a soberania, e o corpo político dotado de alma se personifica, não sendo mais somente um corpo, mas uma pessoa: a pessoa artificial instituída por uma multidão para ser seu representante.

Ainda que se assemelhe ao Fiat divino, a origem do poder político não é divina, tampouco baseada numa hierarquia inscrita na natureza. Hobbes ainda esclarece que rei, como muitos acreditam, não seria mais um título de nobreza concedido pela aristocracia como são os de conde, visconde, duque ou barão.

O poder do monarca, ou do soberano, seja ele reunido em uma só pessoa, em um grupo, ou na totalidade dos indivíduos, emana de um consenso por parte daqueles que o instituíram.

É no pacto que funda o Estado, ou seja, em sua origem artificial e consensual, que reside a legitimidade do poder político. A legitimidade está fundamentada na noção de representação política.

O soberano ou ator é o representante do conjunto de indivíduos ou autores que o instituíram. O soberano é uma pessoa artificial porque representa palavras e ações não dele próprio, mas de outro que, por consentimento prévio, assim definiu. A representação, como Hobbes expõe no capítulo XVI do *Leviatã*, seria o único meio pelo qual a pessoa artificial do soberano pode agir em nome da multidão que o instituiu.

É preciso assegurar ainda que tanto o soberano quanto o cidadão tenham consciência dessa origem artificial da soberania. Ou seja, é condição necessária à paz que o maior número de pessoas possível tenha conhecimento de que, originalmente, o poder reside na própria pessoa daquele que, deliberadamente, num ato de livre vontade, irá transferi-lo no ato do contrato que funda o Estado Político.

Assim como as doenças afetam e enfraquecem o corpo humano, as sedições ou, nas palavras de Hobbes, o veneno de doutrinas sediciosas, afetam e enfraquecem o Estado. Se a saúde do corpo humano representa a paz no Estado, a morte, no caso do indivíduo, é o equivalente à guerra civil, no plano político. Assim como o bom médico teria por função não somente a cura da doença mas igualmente sua prevenção, o cientista político teria por função evitar conflitos e sedições que pudessem abalar a estabilidade do corpo político.

A filosofia ou ciência política surge então como objeto de estudo independente que, tendo por base o raciocínio tão preciso quanto os teoremas da geometria euclidiana, viria, de forma definitiva, pôr fim às inúmeras polêmicas a respeito das questões morais.

A tarefa que o autor busca realizar seria, fundamentalmente, esclarecer os conceitos morais e políticos. O método que utiliza é o resolutivo-compositivo, analisando cada item por sua causa consecutiva, numa espécie de cadeia, no qual a matemática e a geometria entram como modelo. O fim último de seu empreendimento seria, portanto, tentar solucionar, de modo definitivo e original, todos os conflitos humanos, ainda que, aos olhos do próprio autor, tal meta fosse utópica e irrealizável.

Ainda assim, Hobbes crê que, se um geômetra consegue definir um triângulo de tal maneira que essa definição seja universalmente aceita, seria igualmente possível que um cientista político definisse a justiça de maneira tão clara, definitiva e universal que o tema não mais seria objeto de controvérsia.

A tarefa do cientista político é tão realizável quanto a do geômetra, porque existe uma afinidade entre as duas áreas de estudo. Tanto quanto a geometria, a política seria um artefato, ou seja, ambas seriam igualmente criações humanas.

Cabe lembrar que a criação humana é o limite do conhecimento científico. Tudo o que vai além do artefato não está ao alcance do conhecimento humano e, portanto, deve ser excluído como objeto de estudo científico. Aí se inserem não somente a teologia, como também a história e a astrologia.

A ignorância por parte dos cidadãos e do soberano em relação a seus direitos e deveres, em relação à própria necessidade do Estado e, sobretudo, em relação a sua origem consensual, é vista, segundo a linha de investigação apresentada por Hobbes, como uma das principais causas dos conflitos entre os indivíduos.

Segundo o autor, não haveria motivos suficientes para a discórdia entre eles se todos fossem cientes de seus direitos e deveres, a menos por problemas decorrentes de superpopulação do planeta. Ou seja, Hobbes arrisca a previsão de que o mundo possa se tornar pequeno demais para seus habitantes e que, de tempos em tempos, uma guerra poderia contribuir para o equilíbrio populacional.

As doenças do corpo político, semelhantes às do corpo humano, necessitariam de um estudo antecipado de suas possíveis causas, não somente como forma de prevenção, mas igualmente para evitar suas respectivas destruições: a guerra civil, no caso do Estado, e a morte, no caso do indivíduo.

A ciência política, tal como entendida por Hobbes, em oposição à sua investigação na área da filosofia natural, teria o caráter pragmático de evitar disputas e sedições no interior do Estado, ou seja, propiciar a manutenção da paz por meio da difusão do conhecimento preciso das possíveis causas dos conflitos entre os seres humanos e dos meios necessários para evitá-los.

A verdadeira intenção do autor seria a busca pelo conhecimento dos mecanismos que regem o plano da política. O conteúdo didático de sua teoria política não só visa influenciar o soberano na tarefa de bem governar, mas de igual forma, o cidadão, que deve ter, tanto quanto o primeiro, o conhecimento adequado em relação aos assuntos que tratam do poder político. O conhecimento através da educação adequada é, portanto, a chave na busca pela paz. Hobbes chega até mesmo a propor, concluindo o

Leviatã, que suas especulações na área sejam não só impressas e bem divulgadas, mas que o ensino das mesmas seja obrigatório por lei nas universidades, por serem estas formadoras de indivíduos dotados da necessária doutrina civil.

A investigação das causas internas que afetam a estabilidade do Estado foi objeto de um estudo claro e definido nos tratados políticos de Hobbes, denotando a preocupação do autor em torno da guerra civil que presencia. Mas o que terá Hobbes a dizer a respeito da ameaça externa, que tanto quanto a primeira coloca em risco a estabilidade do Estado? Ampliando o âmbito da questão, pode-se perguntar: Em que medida pode-se dizer que haveria em Hobbes indícios de uma concepção de paz na esfera global?

Se a influência de Kant nos preceitos do direito internacional público é clara, a influência de Hobbes na área, ainda que não tão evidente, não deve ser negligenciada, como mostram recentes estudos sobre o autor. De maneira não tão explícita, é possível encontrar no autor evidências que comprovem que sua teoria, de modo equivocado, com frequência vinculada exclusivamente à violência degenerada de sua descrição do estado de natureza, tem como objetivo central a recuperação e a manutenção da paz, tanto no interior do Estado quanto no plano internacional.

A morte dessa pessoa artificial ou do Estado é causada tanto por conflitos de ordem doméstica quanto por ameaças e ataques de origem externa. É tarefa do governante considerar as duas possibilidades. Na esfera doméstica é preciso saber, dentre outras questões, os bens de que o país necessita e dispõe, onde instalar as guarnições, como fazer o recrutamento de soldados ou qual é a opinião dos súditos sobre seu governante. Em relação à esfera externa, Hobbes define as principais áreas de interesse, traçando sumariamente as diretrizes básicas para a elaboração de uma política externa eficaz.

É bom lembrar que, na ótica de Hobbes, a situação entre Estados é caracterizada como uma situação de guerra generalizada, tal como sua descrição hipotética da condição natural da humanidade na ausência de um poder comum.

Justamente tal ausência, fundada no princípio da soberania, igualdade, independência e imunidade das Nações, impede que as normas do direito natural de todos os povos, base do direito internacional, tenham um órgão dotado de poder superior a todos os demais Estados, que obrigue o cumprimento dos acordos celebrados entre eles.

Se cada Nação é soberana, não é passível, em princípio, de julgamento nem punição por parte de uma outra. Tal condição, que caracteriza a situação entre Estados, que Hobbes compara com a dos indivíduos no estado de natureza, faz com que cada um deles tenha uma atitude de defesa em relação ao outro.

Assim como o indivíduo na simples condição de natureza representa uma ameaça aos olhos dos outros, os Estados entre si se encontram permanentemente na mesma situação. Hobbes ilustra as duas situações pela experiência empírica.

No primeiro caso, o indivíduo se protege e tranca seus pertences mesmo que tal segurança seja providenciada pelo direito civil. No segundo caso, quanto mais um Estado investe em armas e serviço militar, dirá Hobbes, maior é o sinal de que ele teme outro Estado, e isso é suficiente para estabelecer uma situação de guerra.

O conceito de guerra em Hobbes, como veremos a seguir, é muito mais próximo do conceito de medo e hostilidade do que no sentido tradicional, uma batalha envolvendo armas, mortos e feridos. Se guerra, nesse contexto, significa muito mais uma disposição contra o inimigo do que o ato da batalha em si, paz seria, portanto, não somente a ausência do conflito armado, mas igualmente a ausência de ameaças do mesmo.

Finalmente, devemos constatar que a tese revolucionária que Hobbes apresenta sobre a laicização completa da política, mas sobretudo seu olhar científico, que exclui da investigação sobre a filosofia prática todo e qualquer vestígio da verdade revelada pelas escrituras, seria responsável pela imagem negativa que o autor até nossos dias detém.

Talvez seja como consequência de tal imagem, que o tema da paz, ainda que extremamente relevante na teoria política de Hobbes, tenha sido, em geral, desprezado pela linha predominante de interpretação do autor.

Analisar o papel da teoria política hobbesiana tomando como referência seu objetivo central, a busca pela paz e estabilidade do Estado, e examinar as possíveis fontes de conflitos levantadas pelo autor, tanto na esfera doméstica quanto internacional, e as propostas apresentadas para que os mesmos sejam solucionados.

A ciência da política, principalmente exposta na trilogia de estudos políticos de Hobbes, deve estar fundada num método rigoroso de investigação que, vinculando a política à linguagem, exige a compreensão precisa de conceitos como paz, guerra, defesa comum, bem público, formas de governo, justiça, contrato, natureza humana, direito civil, direito natural e soberania.

Tendo como ponto de partida o interesse declarado do autor, com frequência negligenciado por grande parte de seus intérpretes, em construir uma ciência de cunho tão analítico quanto pragmático visando o bem-estar da humanidade, a presente análise tem por objetivo demonstrar o vínculo estreito entre a concepção moderna do Estado hobbesiano e o estatuto da paz em sua filosofia política.

Capítulo I

O estatuto científico da política e sua função prática

Tendo como ponto de partida que a finalidade da investigação do cientista político, na teoria política de Hobbes, é a busca pela paz, três pré-requisitos devem ser considerados. Em primeiro lugar, definir a concepção hobbesiana de ciência, em segundo, quais os critérios do método científico e, finalmente, é preciso esclarecer quais são as áreas do conhecimento incluídas no âmbito do conhecimento filosófico/científico.

Fortemente comprometido com a modernidade, imerso no espírito científico do século XVII e autêntico representante do humanismo inglês, Hobbes rejeita definitivamente o conhecimento filosófico, tanto da Antiguidade quanto da Escolástica, e procura vincular seu nome não a filósofos morais ou jurisconsultos, que considera de modo geral incompetentes, mas a cientistas como Galileu, Harvey e Copérnico, historiadores como Tucídides ou geômetras como Euclides.

Inaugurando a modernidade, a verdadeira revolução científica do século XVII tem em Galileu e Descartes dois de seus mais influentes pensadores. Ambos marcam o século anterior ao das luzes como a era do conhecimento matemático, isto é, claro, preciso, evidente, seguro e indubitável.

Se a identidade entre filosofia e ciência é vista como lugar comum no período em que Hobbes escreve, pois a distinção só irá ocorrer de fato a partir do século XIX, sua concepção da ciência política é inovadora e evidencia que a busca pela paz é a função prática e o objetivo final do cientista político.

Deve-se ressaltar, todavia, que o meio adequado para atingir tal fim não é somente a produção desse novo conhecimento, mas igualmente sua ampla divulgação.

De Galileu, Hobbes herda, não somente o vocabulário científico, mas igualmente a interpretação mecanicista do mundo e o método resolutivo-compositivo de pesquisa. Se Galileu busca descobrir as leis da física imaginando o movimento da matéria no vácuo, Hobbes tenta descobrir as leis naturais imaginando a situação dos indivíduos no estado de natureza. Se Galileu demonstra a relatividade do movimento, Hobbes demonstra a artificialidade da moral.

Igualmente marcante é a influência de Descartes sobre Hobbes. Se, por um lado, o filósofo francês deliberadamente evita tratar de questões políticas, o ceticismo cartesiano, radicalizado na dúvida hiperbólica, elemento-chave do método que marca o espírito científico predominante no período, devendo ser superado pelo conhecimento matemático, evidente, claro, seguro, distinto e preciso, é o ponto de partida da análise política hobbesiana.

A dúvida cética e metodológica de Hobbes não o leva, como no caso da dúvida cartesiana, a questionar sua própria existência como sujeito do conhecimento. Hobbes não questiona se está ou não sonhando, nem supõe, como Descartes, a existência de um gênio maligno enganador.

Entretanto, a dúvida cética não deixa de ser um preceito importante da metodologia hobbesiana. É possível dizer que, sendo aplicada a tudo o que já foi anteriormente escrito, refletindo o espírito de seu tempo, a dúvida metodológica hobbesina é tão universalizada e hiperbólica quanto a dúvida do pensador francês.

O empreendimento inteiramente inovador que ambos pretendem apresentar exige, como ponto de partida da investigação, que tudo o que já tenha sido anteriormente investigado por outros autores, ou seja, tudo o que até então tenha sido exposto nos livros, principalmente na área de filosofia, desprezada por ambos, seja desconsiderado. Tanto para Descartes quanto para Hobbes, o peso do conhecimento teórico previamente exposto por outros autores que, com frequência, expunham teses contraditórias, não é relevante para o resultado das investigações se contraposto ao peso da reflexão isolada e individual dos próprios autores. É ponto de partida de ambos que o conhecimento científico não pode ter por fundamento pressupostos que não tenham sido testados por eles próprios, sob o risco de aceitar como premissa verdadeira algo que, se submetido às regras do método, se mostre falso.

Com a pretensão de criar uma cadeia de raciocínio original, onde cada etapa do processo de conhecimento é examinada do ponto de vista de sua veracidade, Hobbes segue as regras do método cartesiano e recusa deliberadamente a informação obtida nos livros, ainda que, segundo seu biógrafo e amigo Aubrey, tenha lido muito.

Hobbes não chega a ser tão categórico quanto Cícero que afirma que tudo o que se pode encontrar nos livros de filosofia não passa de absurdo. Não deixa de considerar, entretanto, que grande parte do que até então se produziu em termos de conhecimento filosófico, devido à falta do uso adequado da linguagem, não possa ser considerado nem falso, nem verdadeiro, porém, absurdo.

Se Descartes expõe sua decepção quanto à utilidade de sua própria cultura humanista adquirida no La Flèche onde estudou, sobretudo, gramática, história, poesia e retórica, Hobbes, igualmente decepcionado com o ensino que adquire no Magdalen Hall de Oxford, onde se ensinava principalmente a escolástica aristotélica, define seu ceticismo metodológico em relação a todo conhecimento exposto nos livros por uma analogia que contrapõe o conhecimento adquirido pela leitura e o cálculo matemático.

A analogia do processo de conhecimento com operações de matemática é significativa. A tese de que o modelo de conhecimento da geometria e da matemática deve ser o de todo o conhecimento humano, desde que este tenha pretensão científica, é claramente inspirada nas premissas cartesianas.[1]

É interessante notar ainda que os preceitos fundamentais do método cartesiano foram, de maneira muito semelhante, já descritos por da Vinci, cuja tese pretende defender uma original concepção de pintura, antes vista como ciência do que atividade puramente mecânica como o autor classifica a escultura. A cientificidade da arte da pintura, segundo o pintor, considerada a mais nobre de todas as ciências, deriva igualmente dos fundamentos matemáticos sobretudo expostos na perspectiva. Tanto quanto o artífice do Estado em Hobbes, o estatuto científico da pintura renascentista cria a rivalidade entre o pintor e Deus.

A geometria, a mais antiga das ciências, seria a ciência por excelência. Elo entre a filosofia natural e a filosofia política, torna-se o paradigma do conhecimento científico no pensamento hobbesiano, desde o momento em que o autor toma conhecimento dos teoremas eu-

---

1 O Livro III d'*O Contrato Social* de Rousseau pode ser visto como uma tentativa explícita de vincular a análise política ao rigor do cálculo matemático. O pressuposto não chega a ser original do período renascentista e moderno. Platão já expunha n'*A República* a importância da ciência do cálculo e da geometria como primeira etapa do longo processo de educação necessário para preparar o espírito dos jovens para exercer a arte da dialética (Rousseau, 1978, p. 73-79).

clidianos, paixão fulminante e, à primeira vista, que o domina, não em sua juventude durante os estudos em Oxford, mas aos quarenta anos de idade e de maneira casual, segundo a conhecida descrição de Aubrey.

Sendo-lhe oferecido por Sir Kenelm Digby em 1637, é provável que Hobbes tenha sido um dos primeiros leitores ingleses do *Discurso do Método*, no qual, além de definir suas regras de pesquisa, Descartes expõe o papel central que a geometria deve, a partir de então, ocupar como base de todo conhecimento científico. O método, segundo a definição hobbesiana, seria o meio mais curto para se alcançar os efeitos por suas causas conhecidas ou para se alcançar as causas por seus efeitos conhecidos. Por razões até hoje pouco esclarecidas, provavelmente por prudência diante da condenação de Galileu, Descartes evita deliberadamente aplicar o método que desenvolve às questões da política. A inovação que Hobbes apresenta será precisamente aplicá-lo ao estudo das ações humanas, objeto de estudo da chamada filosofia prática, ou seja, aplicá-lo à esfera da política e da ética.

Seria somente a partir de então que, em sua própria avaliação, a filosofia política atinge categoria de ciência. A filosofia voltada para a investigação política através do método se torna, na própria definição do autor, ciência da política.

Destacando-se tanto da metafísica quanto da filosofia natural, o vínculo da filosofia política com a realidade não se restringe ao seu estreito contato com a história, mas reside também no fato de ter como objeto de sua investigação a questão da ação humana.

Ainda que Aristóteles seja o alvo principal da crítica hobbesiana, mais uma vez, o contratualista se inspira no Estagirita ao utilizar sua clássica distinção entre a esfera pública e a privada, para definir sua filosofia prática como o estudo da ação humana do ponto de vista da esfera pública, ou seja, a ação do Estado e do cidadão, e do ponto de vista da esfera privada, ou seja, a ação do indivíduo quando não relacionada à condição política.

Tendo a ação humana como objeto de estudo, o método de análise da filosofia política é essencialmente empírico, mais uma vez destacando-se das áreas de estudo da filosofia teórica como a metafísica, a física, a matemática pura e a astronomia. É com base no estudo empírico sobre a ação humana que o autor deve elaborar sua investigação acerca das causas dos conflitos entre os indivíduos. É esse essencialmente o tema central da filosofia política hobbesiana.

Evitando deliberadamente, em sua estada em Paris, o contato direto com os chamados filósofos, Hobbes, ainda que seu amigo e biógrafo Aubrey o apresente como tal, classifica a si próprio não como um filósofo, mas como um cientista político, melhor dizendo, o primeiro cientista político. Em sua própria autoavaliação seria um precursor ao abordar o tema da política de forma científica.

O autor justifica sua declaração deliberadamente provocativa por meio de frequentes passagens nas quais traça uma analogia entre a ciência da geometria e a ciência política, ou seja, entre a atividade do geômetra e aquela que deve ter o cientista político.

A filosofia ou ciência política, também chamada por Hobbes de filosofia moral ou ainda, lembrando Maquiavel, estudo dos príncipes, assim como as demais áreas do saber dela derivada, como a jurisprudência, a antropologia, a ética e as relações internacionais, estariam, por assim dizer, fundidas pela geometria, no pensamento político hobbesiano.

Compartilhando ainda com Descartes a tese de que o método e o raciocínio da matemática possuem a precisão e a certeza que faltam à filosofia, Hobbes descreve o processo de conhecimento como equivalente a operações matemáticas. O ato de raciocinar não é nada mais do que o ato de calcular. Mais precisamente, raciocinar é somar e subtrair.

Hobbes não vê necessidade de incluir aí as demais operações matemáticas, como a divisão e a multiplicação, pois estas não são mais do que diferentes formas de somar e subtrair.

Se o cálculo da matemática é feito com números, o cálculo do raciocínio é feito com nomes. Sendo nada mais do que um cálculo de nomes, a filosofia/ciência política em Hobbes está ainda claramente fundamentada na questão da linguagem. Vinculada diretamente à razão, como expressão do pensamento, a linguagem é o ponto central da teoria do conhecimento em Hobbes e cerne da ciência política que, em suas próprias palavras, estaria fundando com sua obra *Do Cidadão*.

A razão é um cálculo de nomes que, por conexões ordenadas pelo método, forma silogismos. Este é por assim dizer o processo do conhecimento. Ciência ou filosofia é, portanto o conhecimento das consequências, dirá Hobbes no capítulo IX do *Leviatã*. Mais precisamente, ciência é o conhecimento das consequências das palavras.

A importância da linguagem no processo de conhecimento e, consequentemente, na busca pela paz, é uma evidência que transparece explícita ou implicitamente em toda parte na obra de Hobbes. A linguagem não é somente útil para descrever o mundo ou descrever os pensamentos, mas principalmente para manifestar uma vontade, sem a qual não haveria contrato nem por consequência paz entre os seres humanos. A linguagem é um produto não somente exclusivo do gênero humano, mas por ele produzido, ou seja, um artefato, tanto quanto as figuras, os números, os corpos políticos e a vida associada.

O ser humano nasce inapto ao uso adequado da linguagem e, portanto, ao raciocínio, porém com a capacidade de desenvolvê-lo no devido tempo. A capacidade de adquirir ambos, esta sim lhe é inata, deriva de seu próprio esforço.

Ainda que tenha sido Deus quem criou o ser humano com a capacidade de raciocínio, Hobbes afirma que é somente a partir do momento em que este atinge suficiente domínio do uso adequado da linguagem, que passa a se tornar apto ao exercício racional.

É, portanto, o esforço humano o elemento/chave que torna o ser humano, inapto por nascimento ao raciocínio, mas com a capacidade de desenvolvê-lo, um ser racional. Desse modo, o autor vincula a linguagem muito mais ao esforço humano do que a um suposto fundamento divino, tese central de sua teoria do Estado definido como uma pessoa artificial.

Sendo a linguagem exclusividade do gênero humano e ainda essencial como instrumento da manifestação da vontade para que o contrato e o Estado Político se realizem, a paz seria, também, tanto quanto a linguagem e o raciocínio, igualmente exclusividade do gênero humano.

O poder político e, como consequência, igualmente, a paz estariam, na teoria de Hobbes, de modo intrínseco relacionados à questão da linguagem, na medida em que esta é uma faculdade imprescindível para que seja possível ao ser humano a elaboração do contrato e por consequência, a própria criação do Estado Político.

É pelo fato de o ser humano desenvolver a linguagem e com ela a razão que ele, e não os demais animais, estaria apto a encontrar o caminho para a paz. Nesse sentido, a conexão entre ciência e linguagem na obra de Hobbes é tão direta e explícita quanto a conexão entre linguagem e paz.

É de se ressaltar que o âmbito do artificialismo em Hobbes inclui não só a linguagem, como também a política, a moral e a própria razão humana que seria, nesse aspecto, um artefato que antecede todos os demais na ordem lógica da construção do Estado no autor.

Partindo do pressuposto de que a linguagem é um artefato, é o próprio ser humano quem denomina as coisas. Considerada como criação humana, e sendo o ser humano, de modo geral, não guiado pela razão, mas por suas paixões, não seria exagero afirmar que a linguagem é uma faca de dois gumes: Seu uso de modo impróprio gera necessariamente conflitos, pois *"...a língua do homem é trombeta de guerra e sedição"*. No sentido oposto, ou seja, o uso da linguagem de maneira correta, como instrumento que permite efetuar o ato de raciocínio, *"sugere adequadas normas de paz, em torno das quais os indivíduos podem chegar a um acordo"*. (Hobbes, 1992, p. 107).

Por essa razão, Hobbes oferece, principalmente no *Leviatã,* uma teoria geral da linguagem e da significação. A exatidão da matemática não só pode como deve ser buscada no raciocínio e, por consequência, na linguagem, desde que a cadeia de nomes respeite regras de um método bem definido.

Se a lógica é o conjunto de procedimentos que torna a linguagem rigorosa, o uso de metáforas e analogias, ainda que muitas vezes utilizadas pelo autor, estaria condenado, pois tais recursos retóricos, ou seja, o uso das palavras num sentido diferente daquele que lhe foi atribuído, ou a união de palavras de duas categorias diferentes, engana o leitor, não trazendo benefício algum ao declarado objetivo do autor em esclarecer, de modo definitivo, os assuntos e conceitos da moral e da política.

Buscando no *Leviatã*, em suas próprias palavras, construir um texto tão curto quanto claro, Hobbes pretende, deliberadamente, evitar a retórica, ainda que sua intenção seja frequentemente traída, tanto pela dor que sente diante dos fatos históricos quanto pela necessidade de persuadir seu leitor.

O uso metafórico da linguagem, já condenado por Platão na *República*, é mais uma vez condenado e classificado por Hobbes como um dos quatro tipos de abusos da linguagem. A metáfora produz absurdo tanto quanto a união de palavras que não deveriam estar unidas, tais como: súdito livre, essências separadas, espécies inteligíveis ou fé infundida.

Se raciocinar é calcular com nomes, o absurdo, que Hobbes, ironicamente, chama de um privilégio do gênero humano, é definido pelo autor como um erro de cálculo (Hobbes, 1988, págs. 20-31).

Hobbes tem a clara intenção de sobrepor a lógica à retórica, porém, como admite se desculpando, por muitas vezes, a dor dos acontecimentos sombrios que presencia, torna o tom do discurso eloquente demais para quem pretende construir uma ciência da moral no sentido mais moderno do termo.

Condenável para aquele que pretende fazer ciência, a retórica parece um instrumento imprescindível para aquele cuja finalidade é a busca e a manutenção da paz. Ensinar e persuadir passam a ser sinônimos, quando o objetivo é pôr um fim definitivo nas diferentes opiniões do vulgo e com isso assegurar a paz.

Para o cientista político Hobbes, a lógica, a demonstração, a cadeia de raciocínio, a razão ou o cálculo irão se opor não somente ao texto desprovido de sentido da Escolástica, mas igualmente à retórica, à eloquência, às metáforas, às figuras de linguagem, enfim, a todo e qualquer artifício que, tornando o texto estilisticamente mais belo, torna-o igualmente cientificamente condenável.

O estilo literário que Hobbes impõe no *Leviatã* pretende ser curto, simples e direto. A pretensão de cientificidade deve excluir tais artifícios estilísticos. No entanto, não se pode negligenciar a força dos elementos retóricos como poderosos instrumentos de persuasão. É bom lembrar que se a teoria política de Aristóteles é duramente criticada por Hobbes, a *Retórica* e o *Discurso dos Animais* são por ele elogiados.

A busca de precisão no uso das palavras, assim como a busca de definições precisas dos conceitos da política tornam o cientista político um crítico da linguagem.[2]

Esclarecendo que uma proposição absurda não significa o mesmo que uma proposição falsa, pois o

---

[2] Não seria exagero afirmar que a teoria política de Hobbes, antecipando a tese central de Nietzsche, retomada por Wittgenstein em suas duas fases, pode ser compreendida essencialmente como uma crítica da linguagem.

absurdo não é verdadeiro nem falso, mas uma contradição nos termos, Hobbes afirma que, dentre todos os seres humanos, serão os filósofos os mais suscetíveis de afirmarem absurdos, ou seja, aquilo que não é passível de ser examinado do ponto de vista de sua falsidade ou veracidade.

Mesmo considerando alguns postulados encontrados nos livros de filosofia belos e corretos, Hobbes conclui que outros foram causa de derramamento de sangue (Hobbes, 1992, págs. 14, 15).

Numa crítica direta e rigorosa aos filósofos morais, Hobbes afirma que eles não mostraram em suas especulações nenhum progresso e, o que é pior, aparentemente caminharam em círculos, tantas são as contradições encontradas em seus pareceres.

Pensamentos tão contraditórios foram até então expostos que, além de não esclarecerem os assuntos da moral e da política como pretendido, provocaram não somente controvérsias, discussões, polêmicas, mas até mesmo, guerras sangrentas.

Enfim, as doutrinas até então apresentadas se mostraram não somente inócuas, mas perigosas, por exemplo, a doutrina aristotélica sobre a filosofia prática, que na análise crítica de Hobbes não produziram nenhum conhecimento sobre a virtude e o vício nem sequer um método adequado para o estudo de tais questões.

Partindo do pressuposto de que grande parte dos filósofos morais não conseguiu atingir o objetivo almejado devido a uma única falha, ou seja, falta de utilização de uma metodologia científica adequada, a dura crítica que Hobbes endereça a Aristóteles enfatiza uma vez mais que a filosofia política tem, como função prática, evitar disputas.

A precisão do raciocínio e de sua expressão através da linguagem, ponto de partida da teoria do conhecimento no autor, exige clareza e rigor na definição dos conceitos políticos analisados. Retomando o fundamento matemático da ciência política, o cálculo do cientista político consiste em nada mais do que fornecer a significação dos nomes por meio de suas definições.

A tarefa do cientista político não é outra senão elucidar conceitos, mais precisamente, elucidar conceitos éticos e políticos, com a finalidade de pôr um fim definitivo nas inúmeras controvérsias geradas, dentre outras causas, como a condição de igualdade e liberdade, pela ignorância sobre o assunto. A tese hobbesiana de que o contrassenso impregnado na filosofia precisa ser combatido e que o meio para tal reside no uso preciso da linguagem.

Uma vez definida a filosofia como ciência e esta como ciência política, sua própria criação, Hobbes passa a definir, de maneira precisa, além dos direitos e deveres dos soberanos e cidadãos, conceitos tais como Estado, cidadão, sociedade civil, igualdade, liberdade, justiça, soberania, formas de governo, representação, contrato, guerra, paz, lei natural, lei civil, dentre outros.

Seria ainda preciso acrescentar que o estatuto científico da política deriva não somente do fato de o estudo sobre a política estar fundamentado no conhecimento causal e por meio de premissas tão claras e ausentes de dúvidas quanto as premissas da geometria, mas principalmente por sua natureza artificial.

Se Deus cria o ser humano, este último, ou seja, a criatura, cria a sociedade, *a persona civilis,* para agir como seu representante na defesa de seus interesses. Esta é a premissa fundamental do pensamento político hobbesiano.

É pelo fato de a política ser um artefato, ou seja, um produto da arte humana, que ela não só pode como deve ser conhecida cientificamente, ou seja, pelo conhecimento de suas causas. É, portanto, o conceito de artefato que permite a distinção daquilo que pode e daquilo que não pode ser conhecido cientificamente.

A ciência política de Hobbes, portanto, só é possível no âmbito do artificialismo. Se partíssemos do princípio, até então aceito, de que o poder político emana de Deus, não seria possível investigar os assuntos da política de modo científico, pois o Criador, ou seja, a causa primeira, não é passível do conhecimento humano, sendo ainda objeto de estudo da Teologia e não da ciência política.

É preciso ressaltar que a exclusão de Deus do âmbito do conhecimento científico não é o mesmo que afirmar que Hobbes não crê em sua existência.

Hobbes endossa cada uma de suas teses nas Escrituras e mantém Deus como Criador.

Nesse sentido, poderíamos até mesmo afirmar, ainda que Hobbes não o faça, que os objetos de estudo da ciência política são mais acessíveis ao conhecimento humano do que até mesmo os objetos de estudo das ciências naturais, ou seja, da física.

Se conhecer é conhecer pela causa, podemos conhecer melhor aquilo que foi por nós criado. Se os objetos do mundo natural, esfera de conhecimento da física, não são criados pelo ser humano, mas por Deus, o Leviatã, como Deus mortal ou pessoa artificial é obra exclusivamente humana e, por essa razão, pode ser melhor compreendido pelos limites de nosso conhecimento. Podemos conhecer melhor o que é produto da arte humana do que é produto da arte divina.

A distinção entre natureza e artificialismo é a primeira etapa no processo de definição do que pode ser abrangido ou excluído do conhecimento científico. Sendo os conceitos da moral e da política criações humanas, tanto quanto os teoremas da geometria, os objetos de estudo de ambas as áreas são, ao menos em princípio, passíveis de definições igualmente claras, precisas e evidentes.

O caráter artificial da *Commonwealth* hobbesiana contrasta de modo direto não somente com o caráter natural da *polis* grega, como também com o caráter divino da *civitas dei*.

É simplesmente pelo fato de o Leviatã ser uma pessoa artificial que ele pode ser compreendido cientificamente pelos limites do conhecimento humano, pois foi pelo ser humano criado, por intermédio do contrato mútuo.

Assim como é possível definir um triângulo, não só de maneira clara e precisa, mas de maneira que tal definição seja universalmente aceita, Hobbes crê que seja possível igualmente definir conceitos morais como, o de justiça, encerrando definitivamente as inúmeras controvérsias que predominam sobre o tema.

Tal possibilidade provém de um único fato: tanto o triângulo, quanto a justiça, pertencem à mesma categoria, ou seja, ambos são igualmente artefatos. Mesmo não sendo tão apropriados ao saber científico como os objetos do mundo artificial, os objetos do mundo natural não seriam descartados pela teoria do conhecimento em Hobbes, como é o caso, por exemplo, dos objetos do mundo transcendental ou sobrenatural.

Temas tão díspares e fora do alcance científico como a natureza de Deus, a vida no inferno, a condição da alma humana depois da morte ou a condição dos anjos no céu, referentes às disputas das Escolas, não passam de contrassenso e, por essa razão, devem ser evitados.

O teólogo, assim como o historiador, o antropólogo, o poeta e o astrônomo não podem ser considerados cientistas, como é aquele que se dedica ao tema da política da forma como Hobbes propõe.

Mais uma vez, lembrando o pensamento do austríaco Wittgenstein, Hobbes afirma que sobre tais assuntos, que ultrapassam os limites do conhecimento científico, definido pela distinção entre natural, sobrenatural e artificial, numa atitude cética, suspende o julgamento e prefere se calar: o que não pode ser dito, não deve ser dito, não deve ser pensado e, principalmente, não deve ser investigado.

No julgamento do próprio autor, a ciência da política está sendo criada. Em suma, a cientificidade da política só é possível, portanto, graças não só à utilização de um método de pesquisa, mas principalmente, a seu caráter artificial. O reino do artificialismo em Hobbes é radicalizado ao extremo logo nas primeiras linhas do *Leviatã,* nas quais o autor classifica a própria natureza como arte: "... *a natureza, a arte mediante a qual Deus fez e governa o mundo...*" (Hobbes, 1988, p. 5)

Não somente pelo fato de analisar as questões políticas através de um método, não somente por buscar nos conceitos morais e políticos a clareza e a precisão dos teoremas da geometria, mas, principalmente, por ser o primeiro autor a definir a política como um artefato, é que Hobbes pode se autointitular o fundador da ciência política.

Os fundamentos que permitem tratar a política como ciência, ou o estatuto científico da política no autor, estão, portanto, baseados em três alicerces que se intercalam: o fato de a política ser um artefato, o fato de seu conhecimento estar fundado num método, e o fato de que suas premissas têm a clareza, a precisão e a pretensão de universalidade da matemática e da geometria.

Finalmente, faz-se necessário acrescentar que, se as questões da filosofia natural, por exemplo, o problema da quadratura do círculo, não têm outra função na obra de Hobbes a não ser o puro prazer intelectual, as questões da filosofia política, por outro lado, têm uma finalidade bem definida: evitar o derramamento de sangue que o autor constata em seu próprio país.

É por essa razão que Hobbes, inconformado e pressionado pelos fatos históricos, não somente funda a ciência política como a torna prioridade de sua investigação. Sua intenção é a busca da paz na esfera doméstica e o auxílio mútuo contra os inimigos externos.

Se a metafísica, que muitas vezes é sinônimo da própria filosofia, tanto quanto a filosofia natural, independe do momento histórico, não pode ter base empírica e não tem um fim exterior a si mesma, a investigação sobre a filosofia política, por outro lado, tem um fim externo bem definido que, se quisermos manter a distinção aristotélica entre a esfera pública e a esfera privada, pode ser de modo geral definido como a paz, do ponto de vista do Estado, e a felicidade, do ponto de vista do indivíduo.

Se o conhecimento metafísico, segundo Aristóteles, é considerado a mais pura e mais valiosa forma de conhecimento, justamente por não ter nenhum outro objetivo a não ser o próprio conhecimento que produz, ou seja, por ter um fim em si mesmo, a posição de Hobbes, em contrapartida, estabelece a filosofia política como superior a todas as outras esferas do saber, justamente pelo seu caráter utilitarista.

Evitar o derramamento de sangue seria, na visão de Hobbes, uma atividade se não superior pelo menos mais necessária do que o deleite intelectual que suas investigações na área de filosofia natural produziam.

Curioso constatar que Hobbes, mesmo embaçando toda sua teoria política nas escrituras, é acusado de ateísmo, não por falta de crença em Deus, mas por questionar dogmas como o da Criação *Ex nihilo*. Mesmo defendendo a monarquia como o melhor regime no combate à corrupção, o autor é acusado ainda de ser contrário aos interesses da monarquia por extrair-lhes o caráter divino de seu poder.

Seria ainda acusado de absolutista e até mesmo de precursor dos regimes totalitários. Pouco lido e mal compreendido, poucos autores seriam considerados tão malditos pelo julgamento da história quanto o contratualista inglês, cuja má reputação supera até mesmo a de Maquiavel, Mandeville e Nietzsche.

Nenhuma de tais acusações, todavia, parece incomodar mais o autor do que a de ter sua obra considerada tão utópica quanto a *República* de Platão. São muitas as passagens nas quais Hobbes enfatiza, em autodefesa, o caráter pragmático e utilitarista de sua ciência política. Autodefinindo-se como o criador da ciência política, pelo fato de, segundo ele mesmo, ser o primeiro autor a pensar e definir os conceitos da moral e da política de maneira sistemática segundo parâmetros e métodos bem definidos e precisos, Hobbes expõe, concluindo o *Leviatã*, sua preocupação com o caráter prático de suas especulações, demonstrando ainda seu receio de que as mesmas sejam consideradas tão inúteis quanto a *República* de Platão. Temendo que suas especulações sejam consideradas tão utópicas quanto a *República* de Platão, Hobbes, ainda que compartilhe a tese do filósofo-rei, não chega a propor um modelo de cidade perfeita na qual o governante deveria ser filósofo. Entre o modelo maquiaveliano da "Realpolitik" e a ideologia platônica, a análise política hobbesiana, sem dúvida, procura se manter fiel à primeira (Hobbes, 1988, p. 218).

No entanto, buscando uma solução mais realista que Platão, Hobbes afirma que os filósofos ou os cientistas políticos, seguindo os passos dos geômetras, devem influenciar o soberano em sua tarefa de bem governar, assim como os cidadãos em seu dever de obedecer.

Nesse sentido, o soberano não necessariamente deve ser filósofo ou cientista político, mas necessariamente deve ser guiado pelas investigações deste último. A mesma ideia será retomada mais tarde por Kant na *Paz Perpétua*: *"não se deve esperar que os reis se façam filósofos, nem que os filósofos sejam reis"*, ainda que os reis devam ouvir e assimilar o estudo dos filósofos, porque não se pode prescindir dos esclarecimentos precisos que estes fornecem (Kant, 1939, p. 75).

A preocupação de Hobbes com o caráter utilitarista e pragmático de sua obra é, em muitas passagens, explicitada por ele. Dedicando o *Do Cidadão* ao Conde William de Devonshire, Hobbes pede que o mesmo seja aceito se o seu conteúdo não for "... *judicioso, se for útil se não for vulgar (...)*" (Hobbes, 1992, p. 9).

Desfazer os equívocos deixados pelos filósofos morais e mostrar o melhor caminho para a paz por intermédio do exercício racional é a tarefa que Hobbes se propõe. Sem falsa modéstia, esclarece no prefácio do *Do Cidadão*, que o que será apresentado a seguir é o mais útil de todos os tratados até então escritos sobre política (Hobbes, 1992, p.15).

Enfatizando uma vez mais que a finalidade de seu *Leviatã* é o estabelecimento da paz no mundo cristão, Hobbes declara ainda, sem falsa modéstia, que, em vista do fim almejado, a doutrina por ele exposta não é somente útil, mas imprescindível (Hobbes, 1994, p. 248).

Se a busca pela paz é o fim último do Estado Político e grande parte das controvérsias entre os indivíduos, tanto no estado de natureza quanto no estado civil, provém das diferentes opiniões sobre a terminologia da moral, é necessário definir os conceitos morais com a mesma precisão que um geômetra define um triângulo.

Desse modo, afirma Hobbes, não haveria mais motivos para disputas entre os indivíduos, a não ser por problemas de superpopulação do planeta. Não haveria mais disputas entre os indivíduos, dirá Hobbes, se o cientista político tivesse cumprido sua função de maneira tão eficaz quanto o geômetra cumpriu a dele (Hobbes, 1992, p. 6).

Nesse sentido, a tarefa do cientista político é diferente da tarefa do linguista ou do filólogo, ou seja, o cientista político é aquele que deve definir os conceitos da moral e da política de tal forma que tais definições, assim como as da matemática e da geometria, sejam irrefutáveis e universalmente válidas. Cumprida a tarefa da elucidação dos conceitos políticos, a paz, objetivo final do cientista político, entretanto, ainda não estaria assegurada. É preciso acrescentar que o esclarecimento dos conceitos políticos não atinge o fim almejado se não for bem divulgado.

A ciência política é a verdadeira chave na busca pela paz em dois sentidos complementares: a investigação e o ensino. A análise política, exclusivamente do ponto de vista do governante, proposta por Maquiavel, cede lugar à análise política do ponto de vista dos governados. Inútil seria toda a investigação política hobbesiana, do ponto de vista da busca de solucionar conflitos, se não estivesse ao alcance daqueles a quem principalmente se dedica, ou seja, dos cidadãos.

A pesquisa esclarece de forma clara e definitiva os assuntos e conceitos políticos, com frequência, alvo de inúmeras controvérsias, mas seria completamente inútil se não fosse divulgada. Isto é, para que a paz seja assegurada é essencial que, não somente o soberano, mas igualmente, a maior parte dos indivíduos tenha acesso ao conhecimento produzido pelo cientista político.

Visando eliminar de modo definitivo as controvérsias sobre os temas da moral e da política e com isso evitar novos conflitos, a elucidação clara e precisa dos conceitos analisados, ou seja, a ampla divulgação dos resultados obtidos, portanto, se complementa no processo de busca pela paz.

Em última análise, a tarefa a que Hobbes se propõe é, fundamentalmente, discernir, não somente de modo claro, mas científico, o justo do injusto. Divulgar o mais amplamente possível o resultado da investigação pode ser visto como uma segunda etapa. Finalmente, concluindo sua tarefa, o autor tem a intenção de persuadir soberanos e cidadãos da validade de sua investigação, melhor dizendo, de sua verdade científica.

Pelo método que utiliza de maneira inovadora no estudo de tais questões, o empreendimento realizado por Hobbes, em seu próprio julgamento, poderia ser de fato bem aproveitado, tanto por governantes como por governados.

É curioso observar que a escolha de Hobbes para o título do tratado que, em suas próprias palavras, funda a ciência política, ou seja, *Do Cidadão*, demonstra sua intenção em inaugurar a análise política do ponto de vista dos governados, como paradigma central de sua teoria. Dez anos mais tarde, a escolha, mais uma vez em suas próprias palavras, do terrível título *Leviatã*, para apresentar a forma final de suas investigações sobre a política, parece indicar que Hobbes retoma o ponto de partida da análise maquiaveliana, concentrada exclusivamente nos interesses do príncipe, entendido como aquele que age na política do ponto de vista da detenção do poder.

Entretanto, nos dois tratados políticos, é declarada a intenção e a esperança do autor, de que, além do próprio Leviatã, ou seja, do soberano, considerado como aquele ou aqueles que detêm o poder político, o maior número de pessoas possível, cultas ou leigas, tenha acesso e bem assimile os conhecimentos expostos em seus tratados políticos, especialmente no *Leviatã*, escrito, por essa razão, originalmente em língua inglesa.

Considerada não somente uma obra prima do ponto de vista filosófico, mas igualmente uma obra prima do ponto de vista da literatura inglesa em prosa, *Leviatã*, ao contrário do *Do Cidadão* e *Os Elementos do Direito*, que o antecedem, visa atingir uma parcela de público mais abrangente, composta não só de eruditos como leigos, ainda que geograficamente restrita ao Reino Unido.

Na autobiografia que escreve em terceira pessoa o autor reafirma sua intenção de endereçar os ensinamentos da ciência política não somente aos cultos mas a todos os homens de bom discernimento (Hobbes, 1994, p. 250).

A preferência de Hobbes pelo uso da língua inglesa, cuja abrangência no século XVII não ultrapassava o Reino Unido, para a primeira versão de seu tratado político mais importante, não é puramente casual. É feita com base na forte convicção de que não só os soberanos como também os cidadãos deveriam ter acesso a tal conhecimento. Para que a paz seja alcançada, é essencial que não somente os soberanos, não somente os cultos, mas igualmente os incultos devam ser atingidos como leitores.

Sendo iguais por natureza, os seres humanos teriam, por essa razão, os mesmos desejos e interesses muitas vezes de modo simultâneos, o que necessariamente geraria conflitos. Essa igualdade prova que os seres humanos têm apenas os mesmos interesses o que não significa que tenham uma natureza belicosa.

Entretanto, é preciso frisar que essa igualdade que, antes de mais nada, significa uma igualdade de capacidade e aspirações e não de características físicas ou mentais, não garante aos indivíduos as mesmas opiniões. Seriam justamente as diferentes opiniões do vulgo sobre o justo e o injusto, consequência da ignorância, mais uma causa da série de razões de guerra apontadas por Hobbes.

É, portanto, o leitor vulgar e não somente o erudito que deve ter o conhecimento adequado sobre a ciência da moral produzida pelo cientista político Hobbes. Dentre os leitores vulgares, Hobbes inclui não somente a maioria dos indivíduos como também os soberanos. A ciência da política deve simultaneamente entrar tanto no domínio público quanto nos palácios. Deixando de ser restrita ao debate acadêmico no limitado círculo dos cultos e letrados deve atingir os cidadãos e os soberanos, antes distantes de tal conhecimento.

Para alcançar seu fim último, ou seja, assegurar a paz, a substituição da língua latina pela inglesa se mostra imprescindível. O primeiro dos grandes filósofos a escrever em língua inglesa faz tal escolha deliberadamente para atingir um público mais localizado geograficamente e menos erudito, enquanto testemunha de maneira dolorosa e à distância, em seu autoexílio voluntário na França, as desordens sociais que afetam seu país.

A tentativa de, por um lado, construir uma ciência da política universalmente válida coincide paradoxalmente com sua preocupação voltada para os conflitos que prenunciavam a Guerra Civil Inglesa.

Se esses conflitos estimulam a investigação do autor sobre o assunto, a tentativa de minimizar o sofrimento humano através do estudo das causas dos conflitos entre os seres humanos e nações não deve se restringir ao turbulento momento histórico na Inglaterra do século XVII. Ainda que seja nítido o sofrimento causado pelos acontecimentos que presencia em seu país, sua intenção, refletindo uma pretensão universalista, seria, claramente, ultrapassar os limites do Reino Unido.

É curioso observar o caráter aparentemente paradoxal de uma teoria política que, visando especificamente o povo inglês num período histórico definido, tivesse igualmente uma pretensão universal. Ainda que limitando o acesso de sua obra especificamente ao público inglês pela escolha da língua, Hobbes orgulha-se pelo fato de que seu *Leviatã* tenha sido lido e bem conhecido não somente na Inglaterra como também nos países vizinhos: *"Tendo recuperado a força para terminar meu estudo sobre os príncipes, o fiz em minha língua materna para ser lido por jovens e idosos. A obra foi publicada em Londres e, desde então, conhecida por seu terrível nome Leviatã, alcançou as Nações vizinhas e foi lida por homens importantes e cultos."* (Hobbes, 1994, págs. 248, 259).

É preciso não somente demonstrar, mas igualmente persuadir o maior número de pessoas, inclusive o próprio soberano, de que o poder político não emana de Deus, sendo uma consequência da vontade livre dos indivíduos que, pactuando entre si, assim deliberaram.

O cidadão e o próprio soberano precisam saber, dentre outras coisas, que o monarca não é o representante de Deus na terra, que rei não é o mais alto título de nobreza, tais como duque, conde, ou barão, que o poder político não tem origem divina nem natural, que não existe hierarquia inscrita na natureza, que o direito natural, seja ele divino ou não, não é um instrumento suficientemente eficaz para manter a paz entre os seres humanos.

Em outras palavras, basicamente, o indivíduo necessita saber uma só premissa que ele até então ignorava para que a paz seja assegurada: que toda obrigação, seja ela no plano político ou não, com exceção da obrigação do filho em relação ao pai, mãe ou aquele que o cria, até que atinja sua independência, tem uma única origem, ou seja, o livre consentimento daquele que se tornará obrigado. O poder, originalmente, é laico, artificial e emana do próprio indivíduo, que tem a livre escolha de transferi-lo ou não. Se a escolha é livre, a necessidade deve ser premente.

A partir de então, o caráter transcendental das monarquias absolutistas é posto em xeque e a função de Deus e da natureza são minimizadas.

A obrigação é definida não de maneira hierárquica, mas sim como tendo origem no próprio indivíduo que, acima de tudo, tendo em vista a necessidade premente do estabelecimento de um poder superior, deve desejá-la.

A ignorância por parte dos cidadãos e dos soberanos em relação a seus direitos e deveres, principalmente em relação à origem consensual do Estado, é vista, segundo a linha de investigação apresentada por Hobbes, como uma das principais causas dos conflitos entre os indivíduos.

O conhecimento como causa da paz e, inversamente, a ignorância como causa de guerra, serão pressupostos repetidamente apresentados por Hobbes. Combater, sobretudo a ignorância, é a tarefa principal da filosofia política hobbesiana.

A definição científica dos conceitos políticos, dirá Hobbes, em conclusão, só atinge sua meta final, o estabelecimento e garantia da paz, se cair nas mãos de um soberano que, com seu poder, proteja o ensino público de tal conhecimento, melhor dizendo, que torne tal conhecimento obrigação em forma de lei pois, *"A causa, portanto, da guerra civil, é que os indivíduos não sabem as causas nem da guerra nem da paz, (...)"* (Hobbes, 1994, p. 190).

Reforçando ainda a tese de que a fonte da discórdia reside na ignorância, Hobbes afirma no seu tratado sobre a guerra civil inglesa que *".... o povo em geral é tão ignorante de seus deveres e talvez nem mesmo um entre dez mil seja ciente do direito que todo homem tem de comandar a si próprio e da necessidade do Rei ou da República, (...)"* (Hobbes, *Behemoth*, I).

O ensino, sobretudo nas universidades, da recém fundada ciência política, combateria a ignorância que domina o assunto, e seria dessa maneira que, na visão de Hobbes, os mais diversos motivos para a discórdia entre os seres humanos, desapareceriam. Nesse sentido, a divulgação de tais doutrinas através do ensino, sobretudo nas universidades, seria a complementação necessária para o alcance do fim almejado pelo cientista político.

No âmbito da esfera doméstica, a educação, no sentido de conscientização sobre os temas da política, se apresenta como um meio essencial para a manutenção da paz. Nesse sentido, Hobbes ressalta o papel fundamental das universidades como instrumento transmissor da necessária doutrina civil.

Concluindo, pode-se afirmar que o conhecimento do cientista político seria inócuo em sua tarefa de buscar a paz se não fosse acompanhado da devida educação.

Tanto para o exercício da cidadania quanto para o exercício da soberania, a educação, transmitida tanto pelas universidades, quanto pelo contato direto do detentor do poder, sendo uma só pessoa ou uma assembleia, com a obra do cientista político Hobbes, seriam etapas tão essenciais no processo de busca pela paz, quanto a própria investigação do cientista político.

Capítulo II

Guerra e paz

Segundo Aristóteles, toda cidade é uma espécie de comunidade e toda comunidade se forma tendo em vista algum bem. A cidade seria uma comunidade política que visa o mais importante de todos os bens. A finalidade da comunidade política, na visão do autor, é proporcionar uma vida melhor e autossuficiente (Aristóteles, 1988, 13,14).

Antes dele, Platão estabelece que a finalidade da vida política é encontrar a fórmula ideal para a elaboração de uma cidade justa, onde cada indivíduo inclusive o governante, exerceria o cargo que lhe foi designado por natureza, segundo a classificação de bronze, prata e ouro através da qual o autor estabelece quem seria artesão, militar e filósofo.

De formas diferentes, o renascimento e a modernidade, através de seus representantes mais expressivos como Maquiavel, Hobbes, Locke e Rousseau, também tentam, cada um com sua terminologia própria, definir a finalidade do poder político. Ainda que a guerra seja considerada uma importante fonte para o alcance do objetivo central do príncipe, codinome para aquele que age em política do ponto de vista de governante, Maquiavel não deixa dúvidas de que manter o poder significa, acima de tudo, que o interesse do governante deve, de certa forma, coincidir com o interesse público em manter a estabilidade do Estado.

Locke define como finalidade do poder político a preservação da propriedade, incluindo-se como tal, a vida, a liberdade e os bens (Locke, 1978, págs. 34, 82, 84).

Rousseau, por sua vez, vincula a finalidade do Estado à noção de soberania popular. O cidadão, como parte da vontade geral, teria, ainda que parcialmente, o direito de atuar como membro do poder legislativo. Nesse sentido, a felicidade dos particulares, tanto quanto a segurança e a manutenção da ordem pública, seriam, em conjunto, a meta da vida social fundamentada no princípio de liberdade civil.

Considerando a questão da finalidade do poder político em alguns dos filósofos que se dedicaram ao tema, podemos concluir que o conceito de paz pode, como nos autores acima mencionados, estar implicitamente embutido nos conceitos de justiça, liberdade, propriedade, manutenção do poder, bens, vida e felicidade, porém, é importante ressaltar que é somente em Hobbes que o mesmo aparece de maneira explícita, diretamente vinculado ao Estado Político, através de sua finalidade.

Definindo o Estado Político não como seu território, não como um corpo político, mas sim como uma pessoa, Hobbes esclarece que essa pessoa não é natural, mas sim artificial, pois representa ações não de si própria, mas daqueles que a instituíram, dos quais tem por função assegurar a paz e a defesa comum. Ainda que o autor se mostre cético em relação à realização plena da finalidade do poder político, um Estado bem definido e ordenado, segundo a precisão do conhecimento geométrico, não teria outro objetivo a não ser a busca pela paz. Na visão moderna hobbesiana, a *Commonwealth*, não é "...*um reto governo de diversas famílias e daquilo que lhes é comum com o poder soberano*", como afirma Bodin (Bodin, 1576, p. 27).

O Leviatã é definido por Hobbes como uma pessoa instituída por uma grande multidão por meio de pactos recíprocos para assegurar a paz e a defesa comum (Hobbes, 1988, p. 106).

É da Guerra Civil Inglesa que Hobbes extrai seu interesse pelo tema da guerra e da paz, já denunciado pela tradução que faz da *História da Guerra do Peloponeso* de Tucídides. Impulsionado pelos fatos históricos, o autor determina de modo explícito que a busca pela paz seja, em seus mais diversos aspectos, considerada o ponto de partida de sua análise sobre a política.

Declarando-se chocado com as cenas de terror que testemunha na Inglaterra de então, as investigações do autor em áreas tão distintas tais como a natureza humana, a jurisprudência, a moral e até mesmo a linguagem, não representam fins em si mesmas, mas serão analisadas tão-somente em função de um objetivo maior, que seria a elaboração dos fundamentos da política, ou melhor, da ciência política que o autor pretende fundar, e esta, tão somente em função de um objetivo único: a busca pela paz. Hobbes pretende elevar a política ao patamar de ciência através do modelo apresentado pela geometria.

Provavelmente inspirado na terminologia maquiaveliana ao traçar a analogia da medicina com as coisas do Estado, o autor afirma que a tarefa do cientista político, tanto quanto a do príncipe prudente em Maquiavel, seria a de diagnosticar, o quanto antes, as possíveis fontes de conflito, como um bom médico deve, o quanto antes, diagnosticar as doenças do corpo humano. A ciência da política que visa a busca pela paz seria a ciência por excelência. O cientista político, como um médico que tenta salvar vidas, tem por objetivo salvar o Estado de sua destruição, a guerra civil (Maquiavel, 1973, p.18; Hobbes, 1988, págs. 5,6).

Se grande parte da interpretação sobre o autor prefere vinculá-lo à ideia de guerra de todos contra todos, o tema da paz, quase por completo negligenciado pela grande maioria de seus intérpretes, ocupa, entretanto, um papel central em sua teoria política. A paz e a preservação de cada indivíduo particular são os objetivos maiores pelos quais o poder comum foi instituído. A busca pela paz não é somente o fim de todo Estado instituído, que coincide com o objetivo final da investigação do cientista político, mas igualmente a primeira e fundamental lei de natureza e ainda a base do direito natural como um todo.

Uma análise comparativa do modo como Hobbes define, nos três tratados políticos analisados, a primeira e fundamental lei de natureza, da qual todas as demais derivam, esclarece que buscar a paz, expressão usada já em *Do Cidadão*, e mantida no *Leviatã*, nada mais significa do que preservar a própria vida. A lei é expressa no Os Elementos do Direito nos seguintes termos: *"Que todo indivíduo preserve sua própria vida e bens por todos os meios"* (Hobbes, 1994, p. 79).

É no *Do Cidadão*, portanto, que Hobbes introduz a expressão "buscar a paz" em substituição à ideia de preservar a própria vida. A primeira lei de natureza seria então assim definida: *"A lei de natureza primeira e fundamental é que devemos procurar a paz..."* (Hobbes, 1992, p.45).

No *Leviatã*, a mesma lei é apresentada nos seguintes termos: *"Que todo homem deve esforçar-se pela paz, na medida em que tenha esperança de consegui-la, e caso não consiga pode procurar e usar toda as ajudas e vantagens da guerra"* (Hobbes 1988, p. 78).

Retomando e reforçando o caráter do bom senso no sentido cartesiano, Hobbes esclarece que a lei natural, se é que podemos assim denominá-la, nada mais é do que um ditame da razão e, como tal, seria evidente por si só. Que todo indivíduo preserve a própria vida, busque a paz ou esforce-se pela paz, são, portanto termos sinônimos que, simultaneamente, definem a primeira lei fundamental da natureza, assim como o fim último de todas as demais leis do direito natural hobbesiano.

Assim considerada, a lei de natureza número um está fundada numa evidência. Nada seria mais óbvio do que afirmar que o ser humano deva buscar a paz no sentido de preservar a própria vida. Nada mais contraditório e absurdo do que um indivíduo que deseje a guerra e, assim sendo, coloque não somente a garantia de suas posses, como também da sua própria vida, em risco.

Reforçando os alicerces para a laicização completa da moral, já prenunciada por Grotius, Hobbes afirma que, assim como todas as demais leis do direito natural, a busca pela paz não é nada mais do que acatar uma regra do bom senso, ou seja, a lei natural, considerada como lei moral, é, essencialmente, a própria razão humana. Esta seria, por sua vez, partilhada por todos de igual maneira. Nesse sentido, buscar a paz é um procedimento tão lógico quanto preservar a própria vida, pois é logicamente impossível a consideração de que a guerra preserve a vida e a paz a destrua.

Além de estar incluída de maneira implícita como fim último de todas as demais leis do direito natural hobbesiano, é igualmente pelo fato de ser mais óbvia do que as demais que a busca pela paz é a primeira e fundamental lei da natureza.

A dinâmica entre guerra e paz no autor reflete, portanto, uma questão paradoxal: se o bom senso ordena a busca pela paz e se a guerra é um contrassenso ou um absurdo do ponto de vista lógico, ninguém em sã consciência, ou seja, com exceção dos loucos e das crianças que, não são dotados de razão, poderia desejar a destruição e até a própria morte.

A tarefa do cientista político parece, portanto, um tanto ingrata. Buscar as razões ou as possíveis causas do que, por si só, é um absurdo, pode, à primeira vista, parecer um empreendimento tão inútil quanto frustrante.

No entanto, como a experiência do presente e o exame da história comprovam, guerras, por mais paradoxais que possam parecer, acontecem.

Portanto, não há dúvida da necessidade de um estudo sobre suas causas. Partindo dessa premissa paradoxal, a ciência da política proposta por Hobbes está sendo criada com base na observação empírica dos fatos, tendo em vista seu caráter de absoluta necessidade.

Antes mesmo, porém, de definir, através da análise empírica, as causas dos conflitos entre os indivíduos, é preciso buscar uma definição conceitual dos termos guerra e paz no autor.

Precedida da original definição que o autor apresenta de guerra, o conceito de paz é, num primeiro momento, apresentado de maneira negativa, como ausência de guerra.

Portanto, para se compreender adequadamente o sentido de paz no autor é necessário conhecer, em primeiro lugar, a peculiar definição de guerra que apresenta. Salvo por um ou outro detalhe menor, as definições tanto de guerra quanto de paz não sofrem alterações significativas na trilogia política hobbesiana analisada.

Pode-se constatar que, em seus três tratados sobre política, Hobbes define tanto o conceito de guerra quanto o conceito de paz essencialmente como um período de tempo. Em primeiro lugar, o autor define o conceito de guerra como um período de tempo no qual haveria uma vontade, uma intenção, uma disposição para contestar, manifestada, seja na forma de palavras, seja na forma de ações. Em contrapartida, o conceito de paz é definido de maneira negativa, como um período de tempo no qual as mesmas estariam ausentes, ou seja, ausência não somente da luta real como de sinais de hostilidades.

Os conceitos de guerra e de paz são definidos por Hobbes no The Elements of Law relacionados a uma vontade ou a uma intenção: *"Guerra não é nada além do que o tempo em que a vontade e a intenção de contestar pela força é declarada seja por palavras seja por ações; o tempo que não é de guerra é de paz"* (Hobbes, 1994, p.80). As definições não se alteram na obra *Do Cidadão* (Hobbes, 1992, p. 38).

Reforçando a ideia de que guerra não é somente a batalha mas igualmente o conjunto de sinais que a antecedem, Hobbes introduz, no *Leviatã*, além da noção de tempo cronológico, a noção de tempo metereológico, através de uma bela analogia entre a guerra e seus sinais e a chuva e os sinais de mau tempo.

Assim como a chuva é necessariamente precedida por certas condições climáticas, como fortes ventos e nuvens carregadas, a guerra civil é precedida por claros sinais de animosidade ou hostilidades. Tais sinais, que anunciam a possibilidade de uma batalha, tais como aqueles que anunciam a chegada da chuva, independentemente da ocorrência de fato tanto da guerra quanto da chuva, já são suficientes para, na terminologia do autor, definir uma situação de guerra (Hobbes, 1988, p. 75,76).

Os indícios que prenunciam a ocorrência da guerra propriamente dita, ou seja, qualquer sinal de animosidade, independentemente da ocorrência de uma luta armada, são, na ótica de Hobbes, suficientes para definir esse estado de tensão como um estado de guerra. Interpretados como uma constante ameaça, tais sinais de hostilidades, tanto quanto o ato declarado de violência explícita ou a batalha propriamente dita, serão compreendidos por Hobbes como guerra.

Nesse sentido, guerra não seria necessária ou exclusivamente uma batalha armada e sangrenta, mas igualmente uma mera disposição para tal; não somente um ato de força como em Clausewitz, mas igualmente qualquer sinal de animosidade, tais como, a presença de espiões no território estrangeiro, a proteção de fronteiras ou ainda a manutenção de um exército permanente. Sinais explícitos de hostilidade e, como tal, já considerados uma declarada ameaça à paz, tais elementos, por si só, são suficientes para caracterizar uma situação de guerra. Kant retoma a questão na *Paz Perpétua*. Segundo o autor, o uso de espiões em países estrangeiros com a intenção de se aproveitar da indignidade alheia destrói, por completo, a possibilidade da paz, pois mina a confiança recíproca que deve existir entre os países. Por essa razão, a atitude condenável se inclui entre o que o autor chama de artes infernais ou estratagemas desonrosos.

A presença de um espião é um sinal forte de hostilidade e quebra a confiança que deve existir entre os Estados, pré-requisito para que a paz seja alcançada. Pela mesma razão, o autor estabelece que os exércitos devem ser abolidos por completo, para que a paz perpétua seja alcançada (Kant, 1939, p. 14, 19).

Na visão hobbesiana, a "guerra" é, portanto, no sentido mais tarde retomado por Kant, não somente uma batalha ou luta armada mas igualmente entendida como o conjunto de sinais de hostilidade ou de animosidade que podem ser considerados como uma disposição, uma intenção, uma vontade. Qualquer tipo de atitude de autoproteção que denuncie o medo em relação ao outro. Em última análise, o conceito de "guerra", especialmente no *Leviatã*, pode significar não somente a luta armada e sangrenta, nem mesmo somente sinais de hostilidade, mas simplesmente o medo causado por essa situação de instabilidade e insegurança. Pressentir uma guerra que se aproxima, dirá Hobbes, já implica numa atitude de defesa e já caracteriza, por si só, uma postura de guerra. Finalmente, pode-se afirmar que o medo gerado pela permanente situação de ameaça e insegurança, por si só, já é sinônimo de guerra na terminologia hobbesiana.

No âmbito da esfera privada, Hobbes desafia o incrédulo leitor imaginado a compartilhar sua tese quando sugere que o mesmo atente para a realidade dos fatos. Para proteger-se, o indivíduo viaja acompanhado e armado, tranca seus pertences e sua propriedade, mesmo havendo leis civis e funcionários do Estado encarregados de sua segurança. Ainda que nem o autor nem o leitor estejam acusando a natureza humana, respectivamente com palavras e ações, a atitude denuncia o medo que sentem em relação ao outro. Cria-se assim uma situação de guerra independente de exércitos armados (Hobbes, 1988, p. 76).

A mesma situação de ameaça e insegurança pode ser constatada na esfera internacional. Quanto mais um Estado investe em armas e contingente militar, maior é o sinal de que ele teme seus vizinhos. Quanto mais um Estado se protege contra o outro, mais claro é o sinal de que este representa uma ameaça. A manutenção de um exército permanente, assim como a constante preocupação em aumentar o poderio bélico, é demonstrar uma expectativa permanente de um possível ataque. Um exército de soldados e um conjunto de artefatos bélicos não só medem o poder de cada Estado, como comprovam a disposição do mesmo para defender-se e, igualmente, para guerrear. Tal disposição já seria suficiente para definir um estado de desconfiança, ameaça, medo, insegurança e hostilidade. Na visão de Hobbes, já há um estado de guerra, antes e independente de se tornar ou não uma luta armada. E é essa a situação permanente dos Estados entre si (Hobbes, 1988, p. 77).

Introduzindo conceitos como medo, sinais de hostilidade, ameaça, espionagem e algo que lembra a corrida armamentista dos anos 70, podemos afirmar que Hobbes está introduzindo o conceito que hoje entendemos por guerra fria. Ainda que a expressão não seja explicitamente encontrada nos textos do autor e que pareça, a nossos olhos, anacrônica, faz sentido, quando contraposta à expressão guerra quente, que Hobbes usa em sua autobiografia "The Verse Life" referindo-se à Guerra Civil Inglesa (Hobbes, 1994, p. 258).

Certamente são as desordens públicas que prenunciam o advento da guerra civil inglesa, que Hobbes testemunha de modo inconformado, o modelo para a elaboração do conceito de guerra que apresenta no duplo sentido, tanto de guerra quente, ou seja, a batalha, quanto de guerra fria, ou seja, as hostilidades, pois antes mesmo da ocorrência da guerra em si, a Inglaterra já fervia em conflitos de todas as ordens.

A situação vivenciada pelo autor em seu próprio país até 1640, antes de seu autoexílio na França, quando, em suas próprias palavras, a guerra se tornaria quente, já seria considerada uma situação de guerra.

Será igualmente o contexto histórico turbulento um dos modelos para a elaboração do conceito de estado de natureza no autor, como um estado de guerra generalizado. Hobbes ainda se inspira em mais dois modelos extraídos da realidade para elaborar seu conceito de "estado de natureza", sempre com base inconvenientes de uma situação de igualdade: a situação dos índios na América e a situação entre os Estados em todos os tempos.

Se a paz é o fim último de todo Estado instituído e o objetivo final da investigação do cientista político, a guerra generalizada de todos contra todos, expressão de forte apelo retórico através da qual Hobbes define a condição natural da humanidade, tem, antes de mais nada, uma função metodológica clara e bem definida: propiciar o consenso da multidão para a necessidade de transferência do direito natural, que cada um possui sobre si mesmo a outrem e com isso estabelecer o Estado Político.

A absoluta necessidade de instituírem um poder comum deriva exatamente dessa situação insustentável de guerra de todos contra todos. Se não fosse essa a condição natural da humanidade, por que alguém, e muito menos uma grande multidão, pensaria em transferir um direito tão caro ao indivíduo quanto é o da liberdade, ou seja, de usufruir do direito de governar a si mesmo?

Se o poder político não emana mais de Deus, mas sim da vontade humana, torna-se, a partir de então, imprescindível demonstrar sua absoluta necessidade para que tal vontade seja constituída de modo a formar um consenso generalizado.

A função retórica é, evidentemente, descrever uma situação insustentável com o claro intuito de fomentar o consenso de uma multidão numa única direção: a instituição do poder político.

Sendo a paz a garantia da autopreservação e a guerra, sinônimo de destruição, a formação do consenso, de que é preciso encontrar um meio adequado de pôr um fim definitivo no estado de insegurança que domina o indivíduo em sua condição natural, ainda que não tenha necessidade de ser unânime, é imprescindível à instituição da ordem política. A formação desse consenso necessário à grande multidão é consequência direta da descrição que Hobbes apresenta do estado de natureza, definido, essencialmente, como uma condição de guerra. Tal guerra, generalizada do estado de natureza, Hobbes esclarece, é uma guerra perpétua, pois não há vencidos nem vencedores: A expressão guerra perpétua em oposição à expressão paz imortal é ainda utilizada por Hobbes quando apresenta a distinção entre lei natural e lei divina (Hobbes, 1994, p.129 e 1988, págs. 131, 132).

Onde cada indivíduo é juiz em causa própria não há possibilidade de uma solução jurídica para os conflitos humanos. Os mesmos tendem a crescer progressiva e infinitamente e se transformam em uma guerra generalizada devido à supremacia das paixões sobre a razão.

É preciso enfatizar ainda que a guerra não tem exclusivamente um significado negativo na teoria política de Hobbes. Além da óbvia função retórica acima mencionada, através da qual Hobbes visa fomentar o consenso da multidão para estabelecer o Estado Político, a guerra pode ser ainda vista como um instrumento legítimo e eficaz para o alcance da paz.

Ordenando a busca pela paz, a primeira e fundamental lei de natureza ordena igualmente que tal busca não necessariamente deve ser feita através de meios pacíficos.

Esgotadas todas as possibilidades e esperanças, ou seja, como último recurso, e desde que seja definida a paz como finalidade última da ação, o uso da força, como um último remédio para evitar a morte do Estado é, segundo Hobbes, uma estratégia perfeitamente válida e justificável tendo em vista sua finalidade.

Se o uso da expressão "guerra justa" não nos parece aqui adequada, pois Hobbes não considera os juízos de valor numa situação de guerra, seja ela pré-política ou não, ao menos poderíamos dizer que, exclusivamente em tal caso, a guerra é justificável do ponto de vista racional em oposição a todos os demais casos, onde a guerra é, de modo evidente, uma consequência do predomínio das paixões sobre a razão e, portanto, um contrassenso.

Há, portanto, em Hobbes, um direito natural à guerra, desde que seu fim seja o restabelecimento da paz. O realismo político se funda com a noção de razão de Estado.

Mais uma vez Hobbes se espelha em Maquiavel, fazendo valer o princípio do autor florentino segundo o qual, a arte da guerra seria imprescindível para a manutenção do poder do príncipe.

Um segundo sentido positivo de guerra indicado por Hobbes, na Epístola Dedicatória do *Do Cidadão*, é o de manter o equilíbrio populacional do planeta. O aumento contínuo da população devido à falta de guerras se torna, ele mesmo, uma causa de guerra devido à escassez de bens e limitação de espaço.

Num estado de paz permanente, no qual os seres humanos morrem exclusivamente de causas naturais, o problema da superpopulação do qual decorre a falta de espaço e nutrição suficientes para todos é, na visão de Hobbes, a única fonte possível de conflitos. Se o cientista político fosse capaz de definir a justiça e outros conceitos morais e políticos de maneira precisa e se todos fossem igualmente conscientes de seus direitos e deveres, "... *o gênero humano gozaria de paz sem fim, pois – a menos que fosse por moradia, supondo-se que a Terra se tornasse muito pequena para seus habitantes – mal restaria qualquer alegação para a guerra*" (Hobbes, 1992, p. 6,7).

A mesma ideia de guerra como um meio de equilíbrio populacional é reforçada no *Leviatã* (Hobbes, 1988, p.110).

Um terceiro aspecto positivo da guerra é ressaltado por Hobbes quando define o nono direito do soberano por instituição que é o de fazer a guerra e a paz com outras nações e Estados. Tal direito seria, em resumo, o direito de decidir quando a guerra poderia ser considerada não um dano, mas, pelo contrário, um benefício ao bem comum.

Assim como o conceito de guerra, o conceito de paz tem igualmente, no autor, tanto um sentido negativo quanto positivo. O conceito de paz poderia ser definido de duas maneiras, ou seja, tanto no sentido negativo de ausência de guerra ou de sua ameaça, quanto num sentido positivo de segurança, progresso, desenvolvimento e conforto.

Num primeiro momento, Hobbes define a paz em oposição à guerra. Se guerra não é somente a batalha, mas é o conjunto de sinais de hostilidades que a precedem; paz, por outro lado, não é somente a ausência da guerra enquanto batalha, mas igualmente ausência de qualquer sinal de hostilidade ou qualquer indício de conflito.

O conceito de paz é, nesse primeiro sentido, definido de modo negativo como um período de tempo no qual não somente a batalha, mas igualmente a ameaça da mesma não estiver presente; no qual esse medo, essa disposição, essa vontade, esses sinais de animosidade ou hostilidade não estiverem presentes.

Especificamente, o estado de paz não seria oposto a estado de guerra, mas também a hostilidades ou mesmo ao medo. Um período de paz significa não somente estar isento da violência explícita, mas igualmente da insegurança gerada pelo medo (Hobbes, 1994, p. 274).

Num segundo sentido, ainda que não explicitamente colocado pelo autor, paz estaria na visão de Hobbes associada, de modo positivo, não somente às noções de defesa ou defesa comum e segurança, como igualmente às noções de justiça, progresso, desenvolvimento, ciência, cultura, artes, riquezas e comodidades. Todos esses benefícios são, na visão de Hobbes, decorrentes da instituição de um poder comum (Hobbes, 1988, p. 76).

O conceito de paz no sentido positivo, como demonstrado nas seguintes passagens, está ligado à esperança de se obter proteção e defesa, visto que "*A razão pela qual os indivíduos renunciam e transferem para um ou mais indivíduos, o direito de proteger-se por seus próprios meios, é a segurança que se pode esperar de obter proteção e defesa daqueles aos quais tal poder foi transferido*" (Hobbes, 1994, p. 111).

Interessante constatar que, se por um lado, Rousseau opõe o progresso das ciências e das artes à felicidade, Hobbes enfatiza o ponto de vista contrário. Além da óbvia questão da segurança e da garantia da sobrevivência humana, a definição de paz no sentido positivo ainda engloba uma relação complexa entre justiça, estabilidade, conforto, desenvolvimento, progresso, ciência, conhecimento, arte, ou seja, tudo o que poderia proporcionar bem-estar e comodidade ao ser humano na sociedade pré-industrial inglesa do século XVII.

Tudo o que um cidadão inglês pudesse almejar em termos de uma existência confortável e segura seria necessariamente decorrente da paz. Opondo o Estado Político ao estado de natureza, Hobbes oferece um panorama bem definido dos benefícios que a Inglaterra do século XVII oferecia em termos de progresso, cultura, e desenvolvimento científico. A indústria, a agricultura, a navegação, o transporte de mercadorias, construções, conhecimento, artes, letras, só podem ter lugar num Estado pacífico e ordenado, ou seja, na sociedade e não no estado de natureza (Hobbes, 1988, p. 76). Enfim, "... *toda espécie de ciências que, compreendidas sob o nome de filosofia, são necessárias em parte para viver, em parte para viver bem;*" dependem do Estado Político e seriam impossíveis de serem realizadas numa situação de guerra (Hobbes, 1992, págs. 328, 329).

Em tempos de guerra, ou seja, de destruição, não haveria espaço para nada além da preocupação do indivíduo em zelar pela própria sobrevivência. Paz seria, nesse sentido, não somente a condição para a sobrevivência humana, mas a condição para uma vida confortável, na medida em que seria a condição necessária ao conhecimento e à ciência que em outros tempos não poderiam ter lugar. Em tempos de paz, a sobrevivência não estaria ameaçada e assim sendo, os indivíduos poderiam usufruir o progresso do desenvolvimento e do acúmulo de bens necessários a uma vida confortável.

A associação direta do conceito de paz com os conceitos de desenvolvimento científico e cultural deixa claro que os benefícios resultantes do progresso em várias áreas do saber, frutos de nosso próprio engenho e não da graça divina, estão incluídos como finalidade do Estado Político paralelamente à questão da segurança e estabilidade. Ambos, é preciso frisar, com igual relevância.

Num sentido ainda mais preciso, porém não explicitamente apresentado por Hobbes, o conceito de paz pode ainda associar-se à preservação da propriedade, aqui considerada no sentido estrito de bens.

O Estado, por meio das leis positivas que estabelece, visa cristalizar, assegurar e prover legitimação de direito à propriedade e esta medida é a condição essencial para se evitar conflitos entre os indivíduos. É preciso estabelecer a condição jurídica de proprietário, pois, onde todos têm direito a tudo, não há direito algum e a situação não pode ser outra a não ser a de guerra. Definindo-se a propriedade por intermédio da lei civil, não haveria mais discórdias uma vez que o direito de todos a tudo estaria definitivamente eliminado. Muito além disso, o Estado permite o gozo do progresso, ou seja, o acúmulo de bens necessários a uma vida confortável (Hobbes, 1988, p. 76).

A paz não é somente a garantia da sobrevivência humana, não é somente a garantia da condição de proprietário, mas também o fator que permite o acúmulo de bens necessários a um padrão de vida que deve superar e muito o limite da mera subsistência. A colheita de um fruto que permite ao indivíduo alimentar-se e preservar sua existência, cerne da teoria da apropriação por meio do trabalho em Locke, não entra em questão para Hobbes.

O indivíduo, na condição natural em que Hobbes o expõe, não necessita de nenhum tipo de legitimação através do trabalho para que possa subsistir. Goza o direito como todos os demais de usufruir de bens enquanto puder conservá-lo. Porém, para que uma vida confortável seja possível, é necessário o estabelecimento de um poder comum que, dentre outras finalidades, tem a função de estabelecer e garantir pela lei civil a condição de proprietário.

Os conceitos de guerra e paz em Hobbes ainda podem ser esclarecidos por intermédio da interpretação de uma das mais antigas e recorrentes metáforas da investigação sobre política: a analogia platônico-aristotélica, retomada com poucas alterações por Hobbes, entre a estrutura do corpo político e a estrutura do corpo humano.

Considerando o Estado não somente como um corpo, mas uma pessoa, pois mesmo sendo artificial seria dotada de alma, a guerra civil seria a morte dessa pessoa e a paz, sua saúde. Dentre as inúmeras definições metafóricas do Estado Político apresentadas por Hobbes destaca-se a imagem do Leviatã como um deus mortal.

De acordo com a analogia, a filosofia ou ciência política é a arte da medicina, o cientista político é um médico, os conflitos sociais, as doenças do corpo político e finalmente a paz, a saúde desse corpo.

A paz e a estabilidade do Estado não só estão constantemente ameaçadas pela possibilidade de rebelião dos próprios súditos, que Hobbes chama de doenças intestinas, como também por invasões do estrangeiro.

Sementes de sedição tanto podem provir do interior do Estado quanto de seu exterior. Ainda que a guerra civil seja a preocupação maior de Hobbes, a esfera da paz não é somente doméstica, como, a primeira vista, pode parecer.

Visto que as doenças dessa pessoa artificial podem provir tanto de fontes internas quanto externas, o autor não pode deixar de refletir sobre política externa e paz no âmbito internacional. Sendo um deus mortal, Leviatã é passível de inúmeras doenças e de morte, que tanto podem surgir de fontes internas quanto externas, portanto, será preciso considerar as duas possibilidades. Hobbes alerta que *"Embora a soberania seja imortal, na intenção daqueles que a criaram, não apenas ela se encontra, por sua própria natureza, sujeita à morte violenta através da guerra exterior, mas encerra também em si mesma, devido à ignorância e às paixões dos homens, e a partir da própria instituição, grande número de sementes de mortalidade natural, através da discórdia intestina*" (Hobbes, 1988, p. 135).

De maneira simples e direta, Hobbes enfatiza os benefícios do Estado Político em relação às desvantagens do estado de natureza, visto que "... *fora dele, assistimos ao domínio das paixões, da guerra, do medo, da miséria, da imundície, da solidão, da barbárie, da ignorância, da crueldade; nele, ao domínio da razão, da paz, da segurança, das riquezas, da decência, da sociedade, da elegância, das ciências e da benevolência*" (Hobbes, 1992, p. 178).

Num primeiro momento, a interpretação da passagem acima não deixa dúvida de que se, por um lado, a guerra está inscrita na natureza, sendo a própria definição do estado de natureza, por outro, a paz não pode ser vista senão como um artefato, isto é, não uma obra da natureza, mas sim resultante do esforço humano.

No mesmo sentido em que guerra seria a condição da humanidade na ausência de um poder comum capaz de manter os indivíduos em harmonia, paz seria, como indica a passagem, uma criação, um artefato, ou seja, um produto derivado da capacidade humana.

Se, por um lado, a guerra tanto pode ser natural quanto civil, a paz, objetivo realizável ou não, só pode ser civil.

Os seres humanos e não a natureza seriam dotados de mecanismos capazes de fornecer meios necessários para a solução de conflitos. O artefato do Estado Político como mantenedor da ordem pública, definindo propriedade e justiça através da lei civil, se torna condição imprescindível à paz, vista, nesse sentido, como um artefato tanto quanto o próprio Estado Político.

Se, por um lado, guerra é um conceito apolítico, a própria essência do estado de natureza, por outro, a paz, sendo a finalidade do poder político, está vinculada ao bem comum e não ao bem privado e, como tal, é um conceito exclusivo do Estado Político.

Não resta dúvida que a possibilidade de realização da paz, sendo ou não um objetivo utópico, só pode se dar no âmbito do artificialismo, ou seja, em decorrência do contrato, do Estado Político, das leis civis, enfim, da instituição artificial de uma autoridade soberana. As noções de paz, justiça, contrato e Estado Político são, portanto, indissociáveis.

Em mais uma das severas críticas que endereça a Aristóteles, Hobbes afirma que a paz é um atributo essencialmente humano. Ou seja, não há paz entre os animais, pois estes, não sendo dotados de razão, não são capazes de formular o contrato político, elemento essencial para, ao menos em princípio, estabelecer e garantir uma ordem pacífica. Especificamente, paz é um atributo essencialmente aplicável ao ser humano, em sua condição política, ou seja, enquanto cidadão.

Entretanto, o conceito de guerra, por outro lado, é utilizado por Hobbes para definir a condição natural da humanidade e, portanto, é, em oposição à paz, um conceito apolítico.

É esse justamente o ponto central da crítica de Rousseau a Hobbes. A guerra, segundo Rousseau, só tem lugar entre Estados e não entre indivíduos isolados, pois o próprio conceito implica em sua essência, um mínimo grau de sociabilidade, inexistente no estado de natureza como Hobbes o descreve. Como seria possível que os indivíduos isolados, em sua condição natural, pudessem se encontrar em estado de guerra, sendo este um conceito essencialmente social, ou seja, político?

Com base em dois argumentos pode-se rebater a crítica rousseauniana: primeiro, de que a guerra de todos contra todos que Hobbes propõe como característica básica dos seres humanos na ausência de um poder político, é entendida, como já vimos, como medo ou ameaça constante.

O segundo argumento teria por base o fato de que declarar guerra e paz é um dos direitos que cabem ao soberano e, portanto, nesse sentido, não resta dúvida que tanto guerra como paz são atributos do Estado Político.

É, portanto, somente no sentido metafórico que o estado de natureza em Hobbes deve ser interpretado.

O que é de fato o estado de natureza, a não ser uma grande metáfora na qual os indivíduos, guiados pelos ímpetos das paixões agem como animais provocando uma guerra de todos contra todos em sua luta pela preservação?

A resposta está na definição do conceito de guerra que Hobbes apresenta. Ainda que Rousseau admita o contrário, sua tese de que declarar a paz ou a guerra são funções exclusivas do soberano coincide com a postura de Hobbes. O poder da guerra e da paz é nas palavras de Hobbes, uma lei fundamental de todo Estado, sem a qual o mesmo ruiria como um edifício sem alicerces firmes. (Hobbes, 1988, p. 174)

Portanto, pode-se concluir que, enquanto a guerra pode ser tanto natural quanto civil, a paz é, por outro lado, eminentemente civil. Definindo o estado de natureza como um estado de guerra generalizado, Hobbes define igualmente que não pode haver uma situação de paz, a não ser aquela instituída pelo poder civil.

O autor parece indicar, ao menos à primeira vista, que guerras e conflitos fazem parte da natureza humana e a paz, por outro lado, é um conceito essencialmente político. Ou seja, guerra é um conceito apolítico e paz um conceito político, um artefato.

Finalmente, a questão que se apresenta como conclusão é a de examinar até que ponto se pode afirmar que a paz, no sentido de ausência de guerra e hostilidades, é um objetivo plenamente realizável na teoria política de Hobbes. Até que ponto o Estado Político garante a vida e os bens daqueles que o instituíram?

É esta a questão a ser formulada, uma vez que o Estado Político foi instituído, ou seja: até que ponto o Estado Político é capaz de eliminar o medo e a desconfiança que um indivíduo tem em relação ao outro?

Antecipando-se à crítica de seus adversários, na tentativa de evitar a acusação de que a tese que apresenta seja considerada tão utópica quanto a de Platão, Hobbes, seguindo os conselhos de Maquiavel, mantém seus pés bem fixos no chão, ou seja, na verdade efetiva das coisas, segundo a expressão do autor fiorentino.

Cético em relação à realização plena da paz, ou seja, a ausência de fato e absoluta não somente da luta real, mas de todos os sinais de hostilidade, ausência completa do medo e da sensação de instabilidade e insegurança, Hobbes minimiza a evidente dicotomia entre estado de natureza, como um estado de guerra e Estado Político, como um estado de paz, ao afirmar que o medo permanece o mesmo nas duas situações, pois o Estado Político, com todo seu aparato de leis civis, não é capaz de alterar a essência da natureza humana, apenas controlar parcialmente suas paixões. Fosse o Estado Político um instrumento suficiente para garantir a paz, o fato de que países como a Inglaterra do século XVII viessem a sofrer com os prejuízos de uma guerra civil não poderia ser explicado pela rígida lógica hobbesiana. Por essa mesma razão, guerras civis acontecem e não deixarão de acontecer. O outro sempre irá representar uma ameaça em potencial, mesmo que o aparato do poder político esteja presente para assegurar sua vida e seus bens. Em qualquer uma das duas situações, o medo, assim como os interesses de cada um, como veremos mais adiante, permanecem os mesmos.

Mantendo os olhos fixos na realidade dos fatos, Hobbes não é um idealista e surpreende seu leitor, ao constatar que, se no estado de natureza há uma permanente guerra fria, por vezes tornando-se quente, no Estado Político, tal possibilidade não está excluída por completo, apenas amenizada.

No caso da política doméstica minimizada pelo arsenal bélico de cada Estado, permanece, no caso da relação entre Estados, exatamente pelo mesmo arsenal bélico, um estado de guerra que, essencialmente, não difere daquele em que se encontra o indivíduo no estado de natureza.

Realista, pragmático e empírico, Hobbes alerta para o fato de que o medo do outro, paixão que prevalece no estado de natureza, permanece no Estado Político. É mais do que evidente que o Estado Político é o melhor meio na busca pela paz, entretanto, não é um meio absolutamente suficiente. É preciso sempre ter em mente que conflitos e guerras civis não só existem como continuarão sempre a existir. Mais uma vez a teoria do autor espelha o momento histórico. Hobbes desafia seu leitor a compartilhar sua tese de que ele próprio teme o outro e é por este temido, quando afirma que mesmo no Estado Político esse medo ou essa desconfiança permanecem presentes na mente humana.

Nesse sentido, pode-se pensar que a obtenção plena da paz no âmbito doméstico é um empreendimento fadado ao fracasso, pois todo o aparato legal do Estado Político minimiza, porém, não elimina o medo que um indivíduo sente em relação ao outro.

No âmbito internacional, no qual não há possibilidade de se estabelecer um poder comum unificado, o autor se mostra ainda mais cético. Ainda assim, não pode negligenciar a busca de soluções para as ameaças externas, pois tanto quanto as internas, seriam igualmente fontes de destruição do Estado.

Capítulo III

A natureza humana

Se examinarmos as teorias políticas desde Platão até nossos dias, constatamos que não é possível pensar a filosofia prática, tanto a ética quanto a política, sem pensar, antes de mais nada, a natureza humana, cujas ações constituem o cerne de sua investigação.

A relação entre a natureza humana, direito e política pode ser vista como um interessante ponto de partida para uma análise da teoria política do ponto de vista histórico. Com base em diferentes concepções sobre a natureza humana, autores como Platão, Aristóteles, Maquiavel, Locke, Rousseau, Kant ou Hannah Arendt irão formular diferentes teorias do direito e do Estado Político.

A teoria política de Hobbes não foge à regra. É diretamente derivada da particular concepção que o autor apresenta sobre a natureza humana. Entre imagens tão díspares quanto a do lobo e a de Deus, a natureza humana, vista da maneira como particularmente se apresenta aos olhos do cientista político Hobbes, introduz uma nova perspectiva ao clássico tema. A original visão hobbesiana da natureza humana confronta com as visões propostas pelos chamados filósofos políticos e introduz um novo paradigma de análise política não somente baseado na origem contratual do poder político, como também na condição de igualdade e liberdade por meio da qual Hobbes, seguido por seus sucessores como Locke e Rousseau, irá definir a natureza humana na ausência do Estado.

É, sem dúvida, com base no estudo da natureza humana que Hobbes fundamenta sua investigação sobre a origem e a legitimidade do Estado. Não menos importante que esta última, o autor dedica uma parte considerável de seus tratados políticos a analisar o ser humano, e estabelece uma relação de dependência entre os dois temas de sua investigação afirmando que *"A verdadeira e perspicaz explicação dos Elementos do Direito, Natural e Político, que é meu objetivo, depende do conhecimento do que é a natureza humana, o corpo político e o que chamamos lei"* (Hobbes, 1994, p. 21).

A relevância do tema no contexto da obra política pode ser medida pela própria premissa inicial do autor, que define o Estado como um artefato. Para demonstrar a possibilidade do Estado vir a ser algo construído pelo próprio homem, visando não só sua defesa e proteção, mas igualmente seu bem-

-estar, seria logicamente necessário demonstrar, de maneira igualmente clara e evidente e, segundo os parâmetros da geometria, duas outras premissas. A primeira diz respeito a necessidade do Estado, gerada pela própria condição de igualdade em que se encontram os indivíduos no estado de natureza; a segunda seria comprovar a possibilidade de sua criação, com base na capacidade humana. Nesse sentido, pode-se afirmar que toda a análise hobbesiana sobre política está estruturada nos resultados de sua análise das faculdades humanas que, não por acaso, ocupa toda a primeira parte do *Leviatã* e da obra *Os Elementos do Direito*.

Ainda que seja o contrato e não o ser humano o primeiro elemento da análise política hobbesiana, e assim considerado, o principal tema de sua investigação, é preciso entender os mecanismos pelos quais o indivíduo consegue concebê-lo e, por meio dele, instituir o Estado.

Ou seja, ainda que não seja o ser humano o principal tema da investigação de Hobbes e sim a elaboração do contrato, o autor não pode prescindir do estudo da natureza humana para estabelecer sua tese central, fundada na capacidade humana para criar o artefato do Estado. Segundo a ótica do autor, se a filosofia prática trata da ação humana, tanto do ponto de vista da esfera pública quanto privada, seria necessário, para compreender os mecanismos do Estado Político, compreender, em primeiro lugar, a natureza humana.

Além de demonstrar a possibilidade da gênese artificial do Estado Político moderno, a análise da natureza humana deve elucidar uma série de outras questões, por exemplo: se o ser humano é por natureza bom ou mal; se é ele naturalmente social ou antissocial; se é ele belicoso ou pacífico; se é, por sua própria natureza, destinado a cumprir uma determinada função específica; se nasce livre ou dominado, igual ou desigual. Questões que têm em comum o fato de levantarem possíveis hipóteses em direção ao esclarecimento do cerne da investigação hobbesiana: a origem dos conflitos e das guerras.

Enquanto Platão propõe uma classificação dos homens nas categorias de bronze, prata e ouro, que respectivamente definem suas atividades na Callipolis, como artesãos, guardiões e filósofos-rei, Aristóteles concebe igualmente sua teoria política com base numa hierarquia inscrita na natureza, na qual alguns nascem para a obediência e outros para o mando.

A tese aristotélica de que há escravos por natureza é combatida de maneira enfática pelos três maiores expoentes do contratualismo, seja com base no consentimento por parte daquele que concorda se colocar nessa situação, tese de Hobbes e Locke, seja com base na covardia e no costume, como propõe Rousseau.

Ainda que o autor não mencione o estudo da natureza humana na dedicatória que faz a Lorenzo de Medici como fundamento da obra que oferece, além do estudo da história e de sua experiência própria no trato da coisa pública, Maquiavel fundamenta cada conselho que oferece ao governante n'*O Príncipe*, num agudo e realista exame dos anseios que dominam as atitudes dos seres humanos. De fato, são suas conclusões extremamente negativas a respeito da natureza humana que irão fundamentar sua tese da razão do estado.

Entretanto, pode-se afirmar que é, sobretudo, sob o novo prisma contratualista que a análise da natureza humana se apresenta como especialmente importante. Partindo do pressuposto de que, segundo seus representantes mais expressivos, ou seja, Hobbes, Locke e Rousseau, a esfera da política se apresenta como uma esfera intermediária entre a esfera divina e a animal, ou seja, uma esfera essencialmente humana e, portanto, exclusivamente artificial, é preciso entender os mecanismos pelos quais o ser humano tem, num primeiro momento, necessidade e, num segundo, a capacidade de criar o Estado Político.

Como Hobbes o apresenta, o contrato que funda o Estado Político é, antes de mais nada, uma obra conjunta da razão e das paixões humanas que simultaneamente agem no âmbito do livre arbítrio de cada indivíduo, conduzindo-o à necessidade do consenso generalizado de transferir o direito que cada um tem de governar a si mesmo a um representante comum.

De fato, o que seria uma influência direta do modo de vida e de pensar humanista de Hobbes, não pode haver nada menos divino nem mais humano dos que os termos do contrato mútuo através do qual uma grande multidão, mediante pactos recíprocos, promove a gênese do Estado com base numa única cláusula onde cada indivíduo, de maneira simultânea, transfere o direito natural de governar a si mesmo a um representante comum (Hobbes, 1988, p. 105).

A classificação da áreas do saber apresentadas por Hobbes estabelece que, passível de conhecimento científico, como já mencionamos anteriormente, é somente o que é produto do engenho humano, ou seja, o que é artefato. Portanto, sendo obra divina, a natureza humana não é passível de investigação científica/filosófica pelo simples fato de não termos alcance do conhecimento de sua causa primeira, ou seja, Deus.

A análise empírica da natureza humana não pode, portanto, fundamentar-se na precisão lógica da matemática e da geometria, como os assuntos da moral e da política, pois o objeto de estudo não é uma criação humana mas, divina. Ainda assim, como enfatiza o autor em diversas passagens, a busca pela precisão no estudo do tema não deixa de ser necessária. Mesmo não se inserindo na categoria de artefato e, como tal, nas áreas de conhecimento passíveis de serem abordadas pelo método científico, mesmo que o ser humano não tenha acesso ao conhecimento de seu Criador, a investigação da natureza humana não deixa de ser necessária para esclarecer, sobretudo, a lógica do contrato mútuo que funda o Estado.

No *Do Cidadão,* Hobbes afirma que se fosse possível conhecer a natureza das ações humanas com a mesma precisão através da qual podemos conhecer a natureza da quantidade nas figuras da geometria, ou seja, com a mesma precisão da geometria, a avareza e a ambição seriam eliminadas dos corações dos homens, visto que o poder sobre eles se encontra nas falsas opiniões que têm sobre o certo e o errado (Hobbes, 1992, págs. 6, 7).

Se a compreensão científica da natureza humana está aquém dos limites do conhecimento humano, pois apresenta a limitação de que para se conhecer sua causa final, ou seja, Deus, é preciso conhecer a natureza divina e tal conhecimento, como já vimos, ultrapassa os limites do âmbito científico, inserindo-se na esfera da teologia e não do conhecimento científico e, ainda que não seja passível do conhecimento científico, no sentido mais preciso do termo, por não ser artefato, as conclusões que Hobbes apresenta sobre o assunto formarão os pilares nos quais fundamenta sua concepção sobre os temas da política e da moral.

É preciso analisar a natureza humana até o limite do nosso conhecimento, ou seja, até sua causa final, ou seja, Deus seria o limite. Interessante constatar que é a partir do prisma contratualista que o ser humano passa a ser simultaneamente criatura e criador. Se, enquanto criatura, não podemos analisá-lo cientificamente, enquanto sua nova concepção de criador, não podemos deixar de compreendermos melhor sua natureza. No primeiro caso como obra divina e no segundo como fundador não só da sociedade civil, mas igualmente de tudo o que se relaciona com sua criação, por exemplo, a linguagem, a razão e o contrato. Segundo Hobbes, todos esses elementos estão incluídos na categoria de artefatos.

Se o *cogito* cartesiano anuncia o sujeito do conhecimento como um ser pensante, o *cogito* hobbesiano, ou seja, a primeira verdade indubitável e evidente, alicerce de toda cadeia de razões que a segue, anuncia o Estado como artefato.

É preciso, entretanto, responder, ou seja, demonstrar cientificamente, pelo menos, duas questões básicas que, se aos olhos do cientista político Hobbes pareciam logicamente necessárias, aos olhos da Igreja foram consideradas heresias.

A primeira diz respeito à investigação de como o ser humano pode ser um criador. Como pode ele ser capaz de criar o que quer que seja, visto que tudo o que há no mundo foi criado por Deus, o único Criador, no ato único da criação? A segunda questão da cadeia de raciocínio hobbesiana é demonstrar como o ser humano é capaz de criar o Estado Político, até então visto como uma obra divina ou natural.

Além de possibilitar estabelecer a suposta origem do poder político é, antes de mais nada, para melhor compreender a natureza humana que Hobbes retoma e desenvolve o conceito de estado de natureza, ou, como o autor define no *Leviatã*, da condição natural da humanidade na ausência do poder político.

Aparentemente, a hipótese fictícia e metodológica responde a uma só questão: Como seria a relação entre os seres humanos numa suposta situação de ausência de um poder político? A resposta de Hobbes é clara: uma guerra de todos contra todos. O autor não deixa dúvida dos inúmeros inconvenientes dessa situação reafirmando dessa maneira, a necessidade do Estado Político.

A situação entre os seres humanos num estado apolítico, amoral e antissocial, no qual a liberdade e a igualdade fossem princípios absolutos, seria, não resta dúvida, não anárquica, pois o termo é de conotação política, porém, caótica, insegura e, portanto, indesejável. Nos termos do próprio autor, a vida em tal situação seria *"...pobre, sórdida, embrutecida, e curta"* (Hobbes, 1988, p. 76).

É bom lembrar que Hobbes não está se comprometendo em traçar a evolução histórica do ser humano desde os primórdios da humanidade até o século XVII. A história, como vimos, não faz parte da ciência e não é nela, portanto, que Hobbes irá fundamentar suas premissas básicas nem sobre a natureza humana, nem sobre a política. A pura hipótese fictícia do estado de natureza, que dentre outras funções auxilia na compreensão da natureza humana e de suas ações, se transforma, no entanto, em realidade em pelo menos três situações distintas: a guerra civil, a situação dos selvagens na América e a situação dos Estados entre si. Hobbes apresenta esses três exemplos ao seu leitor imaginado, prevendo que o mesmo venha questionar a ocorrência histórica dos fatos como são por ele descritos, sobretudo no capítulo XIII do *Leviatã*, no qual o autor narra em estilo eloquente a condição de miséria que seria natural à humanidade na ausência de um poder comum.

A natureza humana, aos olhos de Hobbes, não seria ingrata, volúvel, simuladora, covarde e ambiciosa de dinheiro, como a descreve Maquiavel, nem, em princípio, naturalmente pura e destinada a se corromper na medida em que se sociabiliza, como pretende Rousseau ao propor a degeneração gradativa do homem primitivo e de seus sentimentos conforme se aproxima da vida comunitária e civilizada.

Acima de tudo, Hobbes propõe que no estado de natureza, no qual reina a luta pela própria preservação, há ausência completa do conceito de propriedade, de leis civis, de preceitos morais, de autoridade, de juiz imparcial e de qualquer forma de hierarquia.

Nenhuma ação, portanto, pode ser considerada sob o prisma da justiça ou injustiça e, por essa razão, ninguém pode ser considerado culpado ou inocente, pois onde não há "o meu" nem "o seu", nada pode ser injusto (Hobbes, 1988, p. 77).

Se toda ação visa a preservação da vida, qualquer que seja ela, não pode ser passível de qualquer tipo de julgamento moral. Mesmo porque Hobbes enfatiza que a luta pela preservação, ou seja, a busca da paz, é o que ordena a primeira e fundamental lei do direito natural.

Antes mesmo de questionar se os conflitos entre os indivíduos estão ou não enraizados em sua própria natureza, Hobbes combate de maneira veemente a tese aristotélica do homem como um animal político. O pressuposto inicial de Aristóteles, segundo o contratualista, está totalmente equivocado, assim como a tese da *pólis* como natural nele fundamentado (Hobbes, 1992, p. 28).

Além disso, eliminando o caráter puramente racional do indivíduo cartesiano, o autor define a natureza humana como composta essencialmente de duas partes distintas: razão e paixão. A razão seria responsável pelo conhecimento do tipo matemático ou científico, enquanto que as paixões seriam responsáveis pelo conhecimento do tipo dogmático. É, com certeza, do predomínio das paixões sobre a razão que surge o conflito e a guerra de todos contra todos, porém, a constatação não significa que a natureza humana tenha uma índole má.

Entretanto, é preciso frisar que as paixões, sobretudo duas, o medo e a esperança, como veremos a seguir, ocupam um papel central na elaboração, principalmente, do consenso necessário à realização do pacto que funda o estado político. Além de paixão e razão, o ser humano seria igualmente força física e experiência.

Definir ainda se a natureza humana é, por sua própria natureza, pacífica ou belicosa é uma questão decisiva em toda a história do pensamento político-filosófico.

À primeira vista, a chocante descrição da situação dos seres humanos em sua condição natural pode conduzir à falsa interpretação de que a violência, ou seja, o desejo de guerra, estaria intrínseco à natureza humana. Numa de suas críticas a Hobbes, Rousseau afirma que segundo o contratualista inglês o homem é por natureza intrépido (Rousseau, 1989, p. 239).

Entretanto, uma leitura mais atenta não deixa nenhuma dúvida: não se encontram na natureza humana razões para considerá-la naturalmente belicosa. A violência e brutalidade descritas no estado de natureza não significam necessariamente uma natureza humana má ou degenerada.

Sendo a guerra contra a preservação e sendo natural da espécie humana a busca pela preservação, podemos mesmo afirmar o contrário: é a paz e não a guerra o que o ser humano busca por sua própria natureza. O contrato e a preferência do Estado Político sobre o estado de natureza comprovam a tese de que a vontade do ser humano não tende para guerra e sim para a paz e a preservação da vida (Hobbes, 1994, p. 190).

Buscando a própria preservação, seria um completo contrassenso se a natureza humana fosse favorável à guerra, ou seja, desejasse a própria destruição. Por essa razão evidente, a lei de natureza primeira e fundamental define a busca da paz.

Enfatizando ainda o fato de que a natureza humana não busca a guerra, Hobbes afirma que o motivo que leva os seres humanos a entrarem em conflito entre si não é a vontade natural de guerrear, mas sim a condição de igualdade plena, a condição de liberdade irrestrita, a ignorância e, acima de tudo, a luta pela autopreservação. Ainda que parece uma afirmação paradoxal, é a própria luta pela autopreservação, na ótica hobbesiana, o fator que desencadeia a guerra de todos contra todos, causando a morte precoce e violenta na qual toda a espécie humana estaria condenada a perecer. Paradoxalmente, é, em última instância, a própria luta pela autopreservação a causa da discórdia entre os indivíduos.

Se a busca pela paz é a primeira lei de natureza, principalmente devido a seu caráter óbvio, a guerra, acima de tudo, deve ser entendida como um contrassenso, isto é um absurdo do ponto de vista lógico.

Ninguém em sã consciência pode desejar a guerra, pois assim fazendo, colocará sua própria vida em risco. Ainda que todo ser humano dotado de razão não possa conceber o contrário, a ausência de harmonia é um fato comprovado pela experiência.

Hobbes tenta solucionar o dilema de se empenhar em encontrar razões para um suposto ato irracional: a guerra. Sua conclusão é de que a busca pela autopreservação e a igualdade natural são responsáveis pelos conflitos entre os seres humanos. É preciso frisar que tais causas não podem ser condenáveis por si só. Isto é, tendo em vista que a igualdade natural é causa da discórdia e a busca pela autopreservação o que transforma essa discórdia numa guerra generalizada, não caberia um julgamento moral das atitudes humanas do ponto de vista do que é certo ou errado. A experiência demonstra que os seres humanos não sentem prazer na companhia uns dos outros, isto é, são, por natureza, avessos a uma convivência harmoniosa.

Com certa dose de ironia, Hobbes constata que "flechadas", ou seja, ataques à reputação uns dos outros são um procedimento tão corriqueiro entre os seres humanos que é mais prudente não deixar uma reunião social até que todos igualmente o façam. Sendo os ataques inevitáveis, os presentes, com toda certeza, são vítimas menos prováveis aos ataques de seus semelhantes (Hobbes, 1992, p. 30).

A luta pela própria preservação que prevê antes uma atitude de ataque do que de defesa é, muitas vezes, interpretada de maneira negativa como uma atitude egoísta ou ainda como uma condenável predominância do interesse privado sobre o público. Hobbes refuta as duas premissas com argumentos contundentes. O primeiro é a ausência de atributos morais na condição do estado de natureza.

O segundo é que a luta pela própria preservação não pode ser considerada, em nenhuma hipótese, condenável.

Que de fato o homem é lobo para o homem em condição de mera natureza, não há como negar, porém, a constatação não pode ser interpretada através do prisma moral. Sendo lobo para o homem significa que ele teme seu semelhante, assim como o amedronta.

É mais do que evidente que a natureza humana não pode ser considerada culpada da guerra de todos contra todos e também não pode ser vista como a principal responsável pela paz assim que o Estado se instaura. A lógica do *Leviatã* diz: Culpado é aquele que viola a lei; lei no sentido preciso do termo é só a lei civil, portanto, onde não há lei civil não há culpados. Se o estado de natureza hobbesiano é um estado isento de conceitos morais, não é possível afirmar que a natureza humana seja nem boa nem má.

Interessante constatar que apesar de suas severas críticas à concepção da natureza humana hobbesiana, Rousseau compartilha com o contratualista inglês a mesma tese de que a natureza humana não pode ser considerada nem boa nem má (Rousseau, 1989, p. 72).

A conclusão de Hobbes sobre o tema é clara: é fato comprovado pela experiência que a natureza humana deve lutar pela própria sobrevivência. Nessa luta não encontra limites.

A consequência inevitável é, portanto, um conflito generalizado de interesses, ou seja, a guerra de todos contra todos.

É, portanto, antes a própria luta pela sobrevivência, do que uma possível natureza degenerada do indivíduo, o fator que desencadeia a situação metaforicamente descrita como de guerra de todos contra todos. Hobbes acrescenta ainda que a luta pela sobrevivência através de todos os meios disponíveis, por si só, não pode ser condenável e, portanto, tanto a maldade quanto a bondade humana não entram em questão.

O indivíduo bom é o indivíduo justo e este é aquele que cumpre a lei civil. Portanto, onde não há lei civil, ou seja, onde não há Estado, ninguém pode ser julgado do ponto de vista tanto legal quanto moral.

À vista disso, nenhuma ação pode ser classificada como injusta ou justa tanto na esfera da moralidade quanto da legalidade e cabe lembrar que as duas esferas estão fundidas no pensamento do autor, pois é logicamente inconcebível que dois sistemas de valor coexistam ordenando súditos comuns.

Hobbes deixa claro que não pode haver dois sistemas distintos obrigando o mesmo grupo de indivíduos sem risco de conflitos. Dois senhores impondo leis, comuns ou divergentes, aos mesmos súditos, seria um dos fatores de dissolução do Estado. Pela mesma razão, o poder soberano por geração é refutada em favor da ideia de criação, pois a geração implicaria a divisão de soberania entre pai e mãe, ambos igualmente responsáveis pelo filho gerado, o que seria logicamente impossível. Ainda pela mesma razão, cabe ao soberano instituir a religião oficial do Estado para que não haja mais de um culto no mesmo Estado (Hobbes, 1988, p. 196).

Como consequência, os valores morais bem e mal estariam indissociados dos valores jurídicos de justo e injusto. Virtude e vício, certo e errado serão sinônimos de legal e ilegal, uma vez instituído o Estado Político.

Demonstrando, nesse aspecto, seu lado juspositivista que, diga-se de passagem, não entra em contradição com seu lado jusnaturalista, Hobbes afirma que o Estado Político é o legislador, em outras palavras, o principal direito do soberano é o de dar a lei ou fazer a lei. Portanto, a lei civil é a única lei e o direito civil o único direito legítimo.

Reforçando o caráter legislativo do poder soberano, Hobbes recusa duas fontes tradicionais do direito civil. O costume e o direito natural serão negligenciados em favor de uma única fonte legisladora legítima: a vontade do soberano.

Prosseguindo com a análise da natureza humana em Hobbes, fica evidente que, na visão do autor, não há nenhuma espécie de solidariedade ou de fraternidade entre os indivíduos, isto é, nenhuma noção de sociabilidade ou de interesse comum, como, encontramos na noção de humanidade em Locke. É clara a posição do autor em afirmar que cada ser humano tem uma preocupação em zelar pelo bem-estar do resto da humanidade, se sua própria vida não se encontrar em perigo eminente (Locke, 1978, p.36).

Na visão de Hobbes, ao contrário, a situação do estado de natureza como um estado de guerra se torna insustentável pela própria defesa dos interesses privados.

O único momento no qual o interesse individual se torna interesse coletivo é o da formação de um consenso generalizado em torno da necessidade de se estabelecer um pacto. Nesse sentido, Hobbes usa os termos "bem comum" e "bem público" como sinônimos de paz, como finalidade do poder político.

Além da condição de igualdade e ignorância, já mencionadas por Hobbes como fontes de conflito, o autor encontra na própria natureza humana outras três fontes da discórdia: a competição tendo em vista o lucro, a desconfiança tendo em vista a segurança e a glória tendo em vista a reputação. Nenhuma delas, entretanto, conduz ao raciocínio de que se pode culpar, de alguma forma, os indivíduos por suas ações.

É preciso frisar, no entanto, que tal afirmação não leva necessariamente à conclusão de que os conflitos são inerentes à natureza humana, visto que, *"... a causa da guerra não reside no fato de que os indivíduos tenham uma disposição para tal, porque a vontade humana só pode desejar algo bom, ou pelo menos, algo que pareça bom"* (Hobbes, 1994, p. 190).

Além disso, a política não tem a pretensão de alterar a natureza humana, mas somente controlar seus impulsos irracionais, ou seja, dominar suas paixões. O Estado Político deve impor, através da espada do soberano, a supremacia da razão sobre as paixões.

É preciso inverter uma tendência natural, ou seja, o predomínio das paixões sobre a razão. Com essa tese, Hobbes justifica o poder do Estado e sua função de promover a paz pela proliferação do medo.

Na visão legalista do autor, crimes serão atos irracionais movidos pelas paixões e, por essa razão, devem ser punidos pela lei civil, único instrumento capaz de controlar, mesmo que não de forma absoluta, a conduta humana, por natureza avessa ao convívio social harmonioso. A função punitiva e reparadora da lei civil tem por fim controlar os impulsos naturais do indivíduo, porém, é incapaz de alterá-los em sua essência.

A natureza humana permanece imutável, pois a lei civil não tem o poder de alterar a natureza humana. A lei civil pune, entretanto, é preciso frizar que, por mais eficaz e rigorosa que seja, a lei é incapaz de alterar a natureza humana. Os seres humanos são por natureza antissociais e assim permanecem, seja no estado de natureza no qual vivem isolados, seja no estado político, no qual vivem, a contragosto, em sociedade.

É bom lembrar que o indivíduo não é, por nascimento, nem social tampouco racional, mas assim se torna pela educação adequada, a partir do momento em que se torna capaz de fazer uso da linguagem.

Finalmente, se não se pode julgar a natureza humana pelos preceitos morais pode-se, no entanto, afirmar que a natureza humana é o que é e assim continuará a ser, mesmo que a espada do soberano imponha pelo medo um tipo de comportamento mais adequado ao convívio social.

É por essa mesma razão, ou seja, pela ineficácia da lei civil em controlar efetivamente as paixões humanas, dirá Hobbes, que países com um grau tão avançado de civilização como a Inglaterra de então, se deixam abalar pelas desgraças de uma guerra civil.

Se o Estado político fosse plenamente capaz de, com seu poderio bélico, alterar a natureza humana ou controlá-la de modo plenamente eficiente, guerras não mais aconteceriam. Hobbes tenta de todas as maneiras evitar que sua teoria seja considerada uma utopia. Nesse sentido, por mais essencial que seja, o Estado Político nem de longe é a solução definitiva para os conflitos humanos.

É preciso enfatizar o fato de que a natureza humana não se altera do estado de natureza para o estado político. É imutável e permanece a mesma na passagem de um estado a outro. A vantagem de um sobre o outro é a de que, no Estado Político, a natureza humana é moldada pela educação e controlada pela lei civil por meio de punições fixas. Porém, cabe ressaltar, a natureza humana permanece sempre dominada pelo medo. Em resumo, a natureza humana continua, mesmo no Estado Político, com seu caráter antissocial, todavia, ao contrário do estado de natureza, a relação entre os seres humanos está aí regrada por leis civis, cuja função pode ser vista como amenizadora dessa antissociabilidade natural.

Os seres humanos são incapazes de assegurar a própria sobrevivência se dependerem unicamente de suas forças individuais, mas, por outro lado, são capazes de criar o Estado Político, não somente para que sua sobrevivência seja garantida, mas para que o gozo dos benefícios de um Estado bem ordenado possa se tornar possível.

Em resumo, a natureza humana é o que se mostra ao observador atento: nem boa nem má, ciente de sua incapacidade para proteger-se por seus próprios meios, entretanto, capaz de criar mecanismos para garantir, pelo menos em princípio, sua segurança e proteção.

Se a natureza humana é antissocial, não é por natureza que os indivíduos se tornam aptos para a convivência social, mas sim pela educação transmitida, essencialmente, pela lei civil. Conquanto, como já mencionamos, se a natureza humana permanece a mesma no Estado Político, seus anseios e receios também. O medo do outro permanece, mesmo que o Estado Político proteja a vida e os bens dos indivíduos com todos os seus recursos.

Mais uma vez Hobbes sustenta seu argumento em base empírica, sugerindo aos leitores que observem suas próprias ações. O autor faz um apelo para que os mesmos observem suas ações cotidianas com o intuito de comprovar que certos atos, como o de proteger a si e a seus pertences, denotam a opinião que fazem de seus semelhantes. O fato, que pode ser comprovado pela experiência de se armarem, de procurarem viajar acompanhados, trancarem seus pertences valiosos nos cofres e fecharem suas portas denuncia, por si só, uma atitude de desconfiança em relação ao outro.

Com tal argumento, Hobbes desafia o leitor, que previamente se julgar chocado com suas colocações, a corroborar sua tese. Caberia a ele próprio constatar pela experiência cotidiana, ou seja, pela observação de seus próprios atos, o medo do outro, presente no estado de natureza.

É importante ressaltar que tal medo permanece no Estado Político. Isto é, todo o aparato legal do Estado Político não é suficientemente eficaz para que o conceito que um indivíduo tem sobre seu semelhante se altere de modo significativo.

Consciente do impacto de suas originais teses sobre a natureza humana e antecipando-se a uma possível crítica por parte de um leitor imaginado, Hobbes responde que o mesmo estaria igualmente culpando a natureza humana com suas ações.

Entretanto, conclui logo a seguir, que nem ele nem o leitor estão de fato culpando o gênero humano, mas sim apenas constatando como as coisas de fato acontecem (Hobbes, 1992, p. 30).

Bobbio enfatiza o duelo entre razão e paixão em Hobbes, afirmando que a primeira estabelece a ordem enquanto que a segunda provoca a discórdia (Bobbio, in *Hobbes Oggi*, págs. 582, 583).

É preciso ressaltar, no entanto, que pelo menos duas paixões serão, tanto quanto a própria razão, responsáveis pela instituição do Estado Político:

o medo e a esperança. Nesse sentido, as paixões também têm, tanto quanto a razão, um importante papel na busca pela paz, ou seja, na constituição do Estado Político que é resultado de uma equação entre a razão e as paixões. Dentre algumas das paixões humanas enumeradas por Hobbes n´*Os Elemtentos do Direito*, ou seja, glória, vanglória, humildade, depressão, coragem, ira, vingança, arrependimento, esperança, medo, confiança, piedade, crueldade, indignação, desejo de competir, choro, luxúria, amor, caridade, admiração, curiosidade, magnanimidade e pusilanimidade, duas serão consideradas particularmente significativas na formação do Estado Político: o medo e a esperança. Mais precisamente, o medo está relacionado ao medo da morte violenta e precoce, enquanto a esperança é aquela de adquirir tanto a segurança quanto o conforto necessários ao bem-estar comum.

As duas paixões serão definidas por Hobbes como opostas, pois, *"Esperança é a expectativa de um bem futuro, e medo é a expectativa do mal"* (Hobbes, 1994, p. 52).

É bom lembrar, que os pactos, que são atos da vontade, não deixam de ser obrigatórios se forem feitos por medo (Hobbes, 1988, p. 83).

É importante ressaltar que, por reta razão, Hobbes não entende uma faculdade inata do espírito humano, tampouco uma faculdade infalível, mas sim por nós adquirida por intermédio do nosso próprio esforço e somente a partir de certa idade, quando se atinge o domínio pleno do uso da linguagem. De modo mais apropriado, a razão não é nem mesmo vista como uma faculdade, mas sim como um ato: o ato de raciocinar. (Hobbes, 1988, págs. 30 e 44)

Por razão Hobbes entende a atividade de raciocinar. Razão é um cálculo, não de números, mas de palavras. Raciocinar é o mesmo que somar e subtrair com nomes substituindo os números nas operações matemáticas. É, portanto, uma faculdade não natural, mas artificial. Razão é, desse modo, calcular, ou seja, raciocinar é uma operação matemática.

O predomínio das paixões sobre a razão denota que a grande maioria dos indivíduos não obtuve nem a educação, nem a disciplina necessárias para que possam viver em sociedade de maneira harmoniosa.

A pergunta que se coloca então é: será possível inverter essa tendência natural do predomínio das paixões sobre a razão? A natureza humana, devido a suas paixões, é avessa à convivência social e assim permanece tanto no estado de natureza quanto no estado político.

As paixões humanas prevalecem sempre sobre a razão na falta de um controle externo e, portanto, devem ser de alguma maneira controladas para que a paz possa ser instaurada. Só haveria uma maneira apresentada por Hobbes para o controle das paixões: a espada do soberano. Ainda assim, como veremos adiante, tal meio não é plenamente eficaz.

Se a particular concepção hobbesiana de Estado como artefato pretende-se de cunho científico, a análise da natureza humana, que a precede de forma necessária, voltada para uma perspectiva antropológica, não pode ser realizada segundo parâmetros rígidos da precisão matemática, tanto quanto a primeira, porém com um método dedutivo que, uma vez definido um princípio adequado, infere máximas universais a partir de proposições particulares.

Da prerrogativa que prescreve o estado de guerra generalizado como uma consequência lógica da condição de igualdade natural entre os seres humanos, ou seja, partindo-se do princípio de que a discórdia tem por fundamento a completa ausência de qualquer espécie de relação hierárquica, poder superior, ou relação de sujeição imanente à própria natureza humana, deve-se analisar de que maneira o autor fundamenta o conceito de igualdade natural que, juntamente com o de liberdade natural, compõem o ponto nodal que permeia toda sua teoria política.

Reduzindo a natureza humana a quatro elementos básicos, a saber: força corporal, experiência, razão e paixão, Hobbes pretende estabelecer de que modo as relações humanas podem ser definidas por tais inclinações.

O argumento da igualdade quanto às forças corporais tem como fundamento lógico o fato de que são considerados iguais aqueles que podem fazer coisas iguais contra os outros.

Nesse sentido, pode-se constatar pela experiência que o mais fraco tem capacidade de matar o mais forte *"quer por secreta maquinação, quer aliando-se a outros ameaçados pelo mesmo perigo"* (Hobbes, 1988, p. 74).

Ou seja, mesmo que expressões como mais forte e mais fraco possam denotar uma desigualdade quanto à força física, o mais fraco, unindo sua força a de outros ou recorrendo à astúcia, seja elaborando um plano estratégico, utilizando-se de armas ou aliados, quaisquer outros instrumentos que facilitariam sua ação, pode tirar a vida do mais forte, tanto quanto este poderia tirar-lhe a sua.

O argumento ainda tem por base o fato de que a morte, nesse contexto, ainda isenta de qualquer conteúdo moral ou legal, deve ser vista como a maior das ações que alguém possa empreender contra o outro, pois a lei fundamental de natureza ordena a preservação da vida. São considerados iguais aqueles que possuem igual capacidade para tirar a vida daqueles que o ameacem.

Com base em tal pressuposto, ou seja, o argumento da força corporal, Hobbes conclui sua tese sobre a igualdade entre os seres humanos, pois *"... não há razão para que qualquer homem, confiando em sua própria força, deva se conceber feito por natureza superior a outrem"* (Hobbes, 1992, p. 33).

Reforçando ainda a mesma premissa da igualdade natural no *Leviatã*, Hobbes acrescenta mais um argumento, ou seja, a igualdade quanto às faculdades do espírito. Quando analisamos as faculdades do espírito, dirá Hobbes, encontramos uma igualdade ainda maior do que aquela encontrada na força corporal.

Mesmo que possamos admitir diferentes aptidões entre os homens, tanto no que concerne à força física quanto à agudeza do espírito, conclui Hobbes, tais diferenças não justificam direito de uns sobre os outros (Hobbes, 1988, p. 74).

O fundamento da premissa não se altera, ou seja, se Hobbes considerava a existência do mais forte e do mais fraco, agora considera que as diversas aptidões do espírito, tais como a prudência ou experiência, a sabedoria, a inteligência e a eloquência, excetuando a razão, que não nos é inata, não haveria motivo pelo qual alguém pudesse julgar a si próprio como superior a outro. Ao contrário, a análise das faculdades do espírito vem reforçar ainda mais o argumento da igualdade natural entre os seres humanos.

Se fosse dada a Hobbes como a Rousseau, a oportunidade de discorrer sobre o tema proposto pela academia de Dijon, ou seja, se a desigualdade entre os homens está ou não inscrita na lei de natureza, sua resposta seria apresentada através de uma conclusão curta e direta, seguindo o estilo que deliberadamente se utiliza em seus três tratados políticos. Hobbes afirma que *"...todos os homens são naturalmente iguais entre si; a desigualdade que hoje constatamos encontra sua origem na lei civil"* (Hobbes, 1992, p. 33).

Entretanto, a questão não se esgota em tal conclusão antiaristotélica. É necessário ainda estabelecer a igualdade como um princípio, ou seja, uma lei de natureza, uma regra ou ditame da razão. Assim, Hobbes afirma que, quer sejam considerados iguais ou desiguais por natureza, é necessário que reconheçamos tal igualdade como condição à paz. Nesse sentido, a oitava lei de natureza no *Do Cidadão*, correspondente à nona no *Leviatã*, prescreve: *"que todo homem deve ser estimado naturalmente igual a outrem, dando-se o nome de arrogância à sua violação"* (Hobbes, 1988, p. 92).

Paradoxalmente, é essa mesma igualdade natural uma das fontes da discórdia, pois, como expõe Hobbes, sendo iguais, é de se esperar que os indivíduos desejem para si as mesmas coisas, o que pode ocorrer ao mesmo tempo, tornando o conflito inevitável.

A igualdade natural se mostra, portanto, aos olhos de Hobbes, como uma inconveniência que deve ser superada com a instauração do Estado onde se forma a única hierarquia necessária à paz, ou seja, aquela do soberano em relação ao súdito. Fica claro que, enquanto essa igualdade natural não for superada, a paz não será alcançada.

Mesmo que compartilhe a tese da igualdade natural apresentada por Hobbes, Rousseau, por outro lado, recusa ideias de seu predecessor quanto à inconveniência dela. A ordem política para Rousseau não deve destruir a igualdade natural e sim substituí-la por uma igualdade moral.[1]

Cabe ainda lembrar que essa igualdade, como exposta por Hobbes, está intrinsecamente relacionada à questão da liberdade. Pois, se todos são iguais, o que deve ser compreendido como o fato de que ninguém pode desejar para si um direito que o outro também não possa gozar, consequentemente todos serão livres, isto é, não estão sujeitos, por natureza, ao poder de nenhum outro.

Essa liberdade não se limita pelo direito natural, como propõe Locke, mas é absoluta e, como tal, segundo Hobbes, significa completa ausência de impedimentos à ação. Tanto quanto a igualdade natural, essa liberdade natural se mostra um inconveniente na busca pela paz.

Além de contrariar a tese aristotélica da hierarquia inscrita na natureza, Hobbes ainda irá criticar a tese do homem como um animal político. O ser humano, segundo o estagirita, é um animal social por ser dotado de razão e está destinado a viver na cidade, ela mesma uma obra da natureza e não de convenções. Tendo em vista fundamentar a tese de

---

[1] *"Terminarei este capítulo e este livro por uma observação que deverá servir de base a todo o sistema social: o pacto fundamental, em lugar de destruir a igualdade natural, pelo contrário substitui por uma igualdade moral e legítima aquilo que a natureza poderia trazer de desigualdade física entre os homens, que, podendo ser desiguais na força ou no gênio, todos se tornam iguais por convenção e direito."* (Rousseau, 1987, p. 39).

que tanto a lei natural quanto a lei civil contrariam a vontade natural do ser humano que, por natureza é contrário ao convívio social, Hobbes apresenta a tese revolucionária de que a vida em sociedade contraria as paixões humanas. A partir dessa premissa, o autor constrói a ideia de que o Estado se faz necessário não somente como legislador, mas igualmente como regulador das ações, mediador e juiz imparcial em casos de disputas.

Retomando a questão que se coloca, ou seja, a de que o homem seria um lobo ou um deus aos olhos de seus semelhantes, convém lembrar que são diversas as passagens nas quais Hobbes faz uso de animais para ilustrar suas teses sobre política. Nesse aspecto, já a escolha do título de seu tratado político mais popular é especialmente significativa.

Surgindo na tradição bíblica, o "leviatã" aparece na forma de vários animais distintos, porém com uma característica comum: o fato de serem igualmente aterrorizantes. O próprio autor reconhece posteriormente que o nome escolhido é aterrorizante.

Tanto na forma de um dragão, uma serpente, um crocodilo ou uma baleia, o monstro bíblico não será considerado por Hobbes um animal, mas sim uma pessoa. O Leviatã é desde o início classificado por Hobbes como um representante daqueles que o instituíram e, portanto, não seria somente um corpo político como define Aristóteles, mas uma pessoa dotada de corpo e alma, não natural quanto a *polis* grega, porém de caráter artificial. O monstro bíblico Leviatã apavora aqueles que o contemplam. É pelo medo que o Estado Político hobbesiano irá tentar controlar as paixões humanas e manter a paz. Como veremos mais adiante, é o medo o elemento-chave que faz com que cidadão cumpra a lei civil. Inferior a Deus por seu caráter mortal, Leviatã como pessoa artificial é superior em estatura e força se comparado a uma pessoa natural. Se comparado a Deus Hobbes define o Leviatã como um deus mortal. Ainda, Leviatã é uma pessoa dotada de corpo e alma, porém de caráter artificial, pois representa não a si própria, mas aqueles que o instituíram, ou seja, os indivíduos que, como um todo, formam, não ainda um povo, mas uma grande multidão.

A imagem do lobo é igualmente significativa. Sendo o homem um lobo para o homem, significa que ele é visto sempre como uma ameaça aterrorizante aos olhos do outro, que o vê igualmente da mesma maneira (Hobbes, 1992, p. 4).

Os lobos são ainda utilizados juntamente com os leões e os ursos para enfatizar que a paz é exclusividade humana, pois só ao ser humano cabe o uso da linguagem *"(...) sem o que não haveria entre os homens nem Estado, nem sociedade, nem contrato, nem paz, tal como não existem entre os leões, os ursos e os lobos."* (Hobbes, 1988, p. 20).

Para combater o argumento aristotélico da sociabilidade natural do homem, Hobbes utiliza-se dos mesmos animais citados por Aristóteles em sua obra *A Política*, ou seja, das abelhas e das formigas, para provar que os seres humanos não são animais tão sociáveis quanto elas, como propunha o Estagirita.

Hobbes alega, ao contrário, que esses animais não são apropriadamente relacionados aos seres humanos, pois, dentre outras razões, o acordo entre eles é natural, enquanto que entre nós é artificial (Hobbes, 1992, p. 106).

Se para Hobbes os seres humanos em geral são movidos pelas paixões e não pela razão, Locke propõe justamente o contrário, classificando aquele que viola a lei de natureza, não como regra, mas uma exceção e não como um ser humano, mas sim um animal. Animal, na visão do autor, é aquele que, movido pelas paixões e não pela razão, não respeita a lei de natureza e coloca a vida e a propriedade dos demais em risco, gerando assim o estado de guerra generalizado. Tais "infratores", na visão de Hobbes, não existem, pois a experiência mostra que, como regra geral, os seres humanos são guiados por suas paixões.

O ser humano para Hobbes não é um animal político ou social como propunha Aristóteles. A definição em geral aceita de que o homem é um animal racional, igualmente desagrada a Hobbes. Cabe lembrar, como vimos no capítulo anterior, que a distinção básica e fundamental entre o ser humano e o animal é o domínio da linguagem.

Esta, sendo condição para a realização do pacto

que funda o Estado Político e sendo um atributo essencialmente humano, restringe o contrato, o Estado, e igualmente a paz, à esfera exclusivamente humana (Hobbes, 1992, p. 52).

Do mesmo modo que não podemos pactuar com os animais, não podemos pactuar com Deus, com as crianças e com os loucos, inatos ou não.

A razão é sempre a mesma, nenhum deles possui o domínio pleno da linguagem, para serem capazes de, através dela, expressarem seus pensamentos, ou seja, todos eles têm em comum o fato de, se não carecerem do bom uso da razão, não podem expressá-la pela linguagem.

A esfera da política, tanto quanto a do direito e como consequência a esfera da paz, são, na visão de Hobbes, esferas exclusivamente humanas, isto é, intermediárias entre a esfera divina e a esfera animal. É a linguagem, como vimos anteriormente, como atributo exclusivo do ser humano, o elemento-chave na constituição do Estado Político.

Não nos cabe aqui analisar o papel da teologia na obra de Hobbes, tema que mereceria uma análise independente já abordada por diversos autores, mas tão-somente investigar se Deus teria ou não uma função específica na busca pela paz. A acusação de ateu não significa que Hobbes questione a existência de Deus, mas sim os dogmas das Escrituras.

Nesse sentido, Hobbes de fato questiona pelo menos dois pontos importantes.

Colocando em xeque dois dogmas centrais do cristianismo, como o dogma cristão da Criação e o da origem divina do poder político, Hobbes não questiona a existência de Deus, mantendo-o como Criador, porém, fato que representa uma grande heresia aos olhos da Igreja, Ele não seria, a partir de então, o único Criador. O adjetivo, antes exclusivo Daquele a quem se deve a criação de tudo o que existe sob o céu e a Terra, passa a ser aplicado ao ser humano.

Sob a forte influência do modo de vida e de pensar humanista, a laicização da moral e da política propostas por Hobbes, equiparando os poderes humanos aos divinos na capacidade de criar, seria o verdadeiro fundamento da acusação de ateu que recebe, por questionar não a existência de Deus, mas sim as Escrituras. Hobbes parte do princípio de que Deus existe, todavia, não é função do cientista político provar sua existência ou analisar quaisquer questões relacionadas a Ele.

Nesse sentido, filosofia ou ciência são áreas de conhecimento distintas da teologia. Enquanto o conhecimento da primeira se funda no exercício racional, o conhecimento da segunda se baseia na revelação direta ou indireta. O conhecimento revelado é assunto da teologia e não pode ser considerado do ponto de vista científico.

Acusado de ateísta por questionar as Escrituras, sobretudo depois do *Leviatã* chegar às mãos de teólogos franceses, Hobbes mantém, apesar disso, o dogma da Criação em sua filosofia política. Deus cria o ser humano e tudo o que existe na terra, e essa seria, essencialmente, a sua única função, ou seja, a de criador. A heresia será considerá-Lo não o único criador.

Não é possível afirmar, no entanto, que seria Ele o responsável pelos conflitos entre os seres humanos tampouco pela instauração da paz entre eles.

Além disso, a crença em Deus não traria paz; ao contrário, assuntos religiosos, como mostra a história, são considerados por Hobbes como uma das principais causas da dissolução do Estado Político e, por essa razão, cabe ao soberano definir a religião oficial do Estado Político que deve ser única.

Isto é, na ótica do pensamento político de Hobbes, o poder eclesiástico deve estar subordinado ao poder político para que a paz seja mantida.

Foi Deus quem, no ato único da criação, designou o ser humano a possuir, em determinado período de sua existência, a faculdade e poder necessários à criação do Estado. O determinismo hobbesiano é taxativo: tudo o que deve ocorrer no mundo foi por Deus pré-estabelecido no momento da criação. Não há espaço algum para a obra do acaso. Ainda assim, e mesmo que Deus seja a causa da vontade humana, não é Ele o responsável pela guerra de todos contra todos.

Ainda que a vontade divina determine a vontade humana, também não cabe a Ele a tarefa de buscar a paz. Assim como o Estado Político, igualmente os tempos de guerra e paz não têm origem divina. A criatura, e não o Criador, é responsável tanto pela guerra quanto pela instauração da paz. Hobbes propõe a laicização da moral e da política mantendo ao mesmo tempo Deus como causa primeira.

A teologia, ou como Hobbes a define, a doutrina de Deus, é eterna, incompreensível e não gerada, e por essas razões, tal como a história, a astrologia, a doutrina dos anjos no céu ou o conhecimento revelado, não é passível do conhecimento científico.

À questão se seria o ser humano um lobo ou um deus aos olhos do outro, Hobbes responde que as duas possibilidades são igualmente possíveis. A questão depende de qual situação inserimos o mesmo indivíduo, se no estado de natureza, se no Estado civil (Hobbes, 1992, págs. 4,5).

Capítulo IV

Justiça e paz

A tentativa de levantar hipóteses sobre as causas geradoras da guerra, assim como dos meios necessários à paz, conduz Hobbes à noção de justiça definida a partir de então, não mais, segundo as Escolas, como dar a cada um o que lhe é devido, mas sim como cumprir os contratos celebrados. É a partir da noção de contrato, definido como uma transferência mútua de direitos, que Hobbes define o conceito de justiça (Hobbes, 1988, p.80).

O papel da filosofia política na questão da manutenção da ordem está, segundo Hobbes, diretamente relacionado à questão da justiça, ou seja, à questão do direito. Abordando a questão da justiça não como um fim em si mesma, mas exclusivamente em função da questão da estabilidade política, Hobbes utiliza-se, mais uma vez, de linguagem metafórica, que condena como um dos quatro abusos da linguagem, para afirmar que a justiça e a caridade são irmãs gêmeas da paz, enquanto que a mentira e a violência são as duas filhas da guerra. Opondo justiça à mentira e caridade à violência o autor indica que sua concepção de justiça está vinculada à ideia de dizer a verdade, ou seja, justiça é manter a palavra dada, o que equivale a dizer, cumprir os pactos celebrados (Hobbes, 1992, p. 4).

Cabe, portanto, analisar em que medida o direito, tanto natural quanto positivo, podem ser considerados meios adequados na busca pela paz.

Se a finalidade do poder político em Hobbes é expressa no sentido de garantir a paz, o que significa nada além do que garantir a própria vida, a instituição de um poder soberano e, sobretudo, a elaboração de um conjunto de leis reforçado por punições fixas, se mostra como imprescindível na busca de tais objetivos.

É devido à condição de igualdade em que se encontram os indivíduos na condição de simples natureza e não a uma possível inclinação natural a fonte originária do conflito, definido por Hobbes como uma consequencia lógica do desejo comum de obter-se as mesmas coisas e da impossibilidade de serem gozadas simultaneamente pelos mesmos indivíduos. Portanto, uma das principais fontes da discórdia geradora da guerra de todos contra todos é a noção de que todos têm direito a tudo, ou seja, a ausência do conceito de propriedade. Cabe, igualmente, como finalidade do poder político, a elaboração de um direito positivo eficaz, única forma de garantir de maneira legal, concreta e definitiva a propriedade. Cabe lembrar que, na ótica de Hobbes, a propriedade é um direito exclusivamente civil e não como propõe Locke um direito natural legitimado pelo trabalho.

Ainda que a postura de Locke legitime a condição de proprietário através do trabalho independente da lei civil e do Estado, pode-se dizer que, no aspecto específico da finalidade do poder político, sua posição e a de Hobbes convergem para um ponto comum: a preservação da propriedade através do direito civil e de punições fixadas, tendo em vista o bem comum.

Se pelo termo propriedade Locke entende a vida, a liberdade e os bens, Hobbes o considera no sentido estrito de bens. A sociedade civil, por intermédio de suas leis visa, em última instância, prover a legitimação de direito à propriedade e esta é a causa principal que induz os indivíduos, que nasceram livres, a transferirem esse direito de tudo a todos, a um representante e a se sujeitarem a um poder superior comum.

Antes porém de analisarmos os fundamentos do direito civil na concepção hobbesiana, convém examinarmos as razões pelas quais o direito natural, se de fato existe, seria um instrumento inócuo do ponto de vista da manutenção do convívio pacífico entre os seres humanos.

A transição do século XVI para o XVII define um clima marcado pela ambivalência e indecisão conceitual, especialmente na área da jurisprudência. Filósofos morais, legistas, jurisconsultos e juristas, influenciados pela nova mentalidade oriunda do Renascimento e Reforma, e imbuídos dos preceitos do direito romano, produzem variadas teses sobre o, até então superficialmente tratado, direito natural.

A análise de cunho metafísico e especulativo, presente no assim chamado direito natural clássico, cede lugar a uma preocupação de ordem ética e conteúdo pragmático, marcada pelo prisma do individualismo, do humanismo e principalmente do racionalismo, características marcantes do período.

A crítica de Hobbes aos juristas que até então se dedicaram ao tema da moral e do direito é direta e rígida. São chamados de incompetentes por não terem cumprido a tarefa a qual se propuseram cumprir de maneira eficaz, como, os geômetras cumpriram a deles. O autor é categórico ao afirmar que *"Se os filósofos morais tivessem cumprido seu dever com igual felicidade, não sei o que nosso engenho poderia ter somado à perfeição daquela felicidade que convém a vida humana"* (Hobbes, 1992, p. 6).

Tão incompetentes quanto os filósofos morais foram os juristas, pois estes surpreendentemente não perceberam nem mesmo a crucial e óbvia distinção entre direito e dever, que, respectivamente designam coisas tão opostas quanto liberdade e obrigação.

Definindo o direito como a liberdade, mais especificamente uma liberdade de agir sem impedimentos, e dever como uma obrigação, a distinção entre direito e dever seria, portanto, tão óbvia quanto a distinção entre liberdade e obrigação e, no entanto, passa desapercebida pelos estudiosos do assunto, constata o nominalista Hobbes de maneira surpresa. De tão evidente, a distinção parece, por assim dizer, ofuscar os olhos daqueles que dela deveriam ter se dado conta, *"De modo que a lei e o direito se distinguem tanto como a obrigação e a liberdade, as quais são incompatíveis quando se referem à mesma matéria"*. É importante ressaltar que a distinção hobbesiana entre direito e dever é tão fundamental no pensamento político/jurídico quanto a distinção aristotélica entre a esfera pública e a esfera privada (Hobbes, 1988, p. 78).

Ao introduzir o conceito de direito do indivíduo e/ou do cidadão, seja em sua condição natural, seja em sua condição civil, Hobbes, introduz, respectivamente, a problemática dos direitos humanos e substitui o conceito medieval de súdito, recuperando o conceito grego de cidadão, ou seja, aquele que além de deveres tem igualmente direitos.

A distinção hobbesina entre direito e dever introduz o conceito de cidadania em sua mais moderna acepção, pois, ao contrário da condição passiva do súdito, cidadão é aquele que, além de deveres, tem direitos.

Tradicionalmente vinculada à teoria do Estado absoluto e totalitário, a teoria de Hobbes surpreende mais uma vez seus leitores pela constatação de que o indivíduo tem não somente direitos naturais como direitos civis.

Ainda que explicitamente a favor da forma de governo monárquica, Hobbes propõe um sistema de hierarquia política que abandona a tradicional distinção fixa entre monarca e súditos e introduz a curiosa forma de *Commonwealth* constituída, do ponto de vista do governante, seja por um único monarca, seja por uma assembleia e, do ponto de vista dos governados, em qualquer uma das formas de governo possíveis, por súditos, também chamados com frequência de cidadãos.

Se a Hobbes cabe o mérito de situar o vínculo entre direito e política a um nível de primeiro plano da análise filosófica, cabe ao jurisconsulto Grotius, o mérito, não menos significativo, de ter desvencilhado o direito natural do poder eclesiástico.

Se Grotius analisa a questão como um fim em si, Hobbes aborda o tema em função do objetivo último de seu projeto e cerne de sua reflexão, a saber, a questão política, ou melhor, a questão da busca pela paz.

Grotius estabelece que toda violação do direito natural está sujeita a punição, pois todo ser humano está impelido a obedecer os preceitos da lei de natureza tão- somente pelas perturbações na ordem da consciência que decorreriam de uma ação contrária. Hobbes, ainda que afirme que a lei de natureza obriga no plano da consciência do agente, dirá que tal premissa não é suficientemente forte para garantir a eficácia do direito natural. Pelo contrário, o autor reafirma em diversas passagens que, sem a força da espada do soberano, qualquer direito se mostra ineficaz. Podemos ainda afirmar, sem exageros, que, mesmo com a força da espada do soberano, o direito que, então passa a ser civil, não se mostra, da mesma maneira que o direito natural, um instrumento totalmente eficaz na garantia da paz.

É preciso ainda frisar que ambos os autores, cada um a sua maneira, rompem com o jusnaturalismo clássico.

Para melhor compreendermos a posição de Hobbes quanto ao direito natural e civil analisaremos a questão por intermédio de algumas questões-chave que nos parecem ainda confusas, a saber: em primeiro lugar, se a lei de natureza é ou não lei; em segundo, se a lei de natureza é ou não natural; em terceiro, se a lei de natureza é ou não a lei divina; em quarto, se a lei de natureza é ou não a lei moral; em quinto, se a lei de natureza é ou não a lei positiva e, finalmente, em sexto, se a lei de natureza é ou não a lei no âmbito do direito internacional.

1 Se a lei de natureza é ou não lei

Segundo Hobbes, cuja teoria política pode ser reduzida a uma teoria da linguagem, a utilização do termo lei no plano do estado de natureza, onde reina a igualdade plena, não é apropriada devido a ausência de autoridade. É importante ressaltar que *"A estes ditames da razão os homens costumam dar o nome de leis, mas impropriamente. (...) lei, em sen-*

tido próprio, é a palavra daquele que tem direito de mado sobre os outros" (Hobbes, 1988, p. 95).

Sendo uma expressão da reta razão, pressuposto que já pode ser encontrado entre os estoicos, deveríamos chamá-la ditames da razão e não lei, pois o termo, em seu sentido preciso, implica autoridade e punição. Se a função do cientista político é essencialmente a de um crítico da linguagem, para que a lei natural seja de maneira apropriada denominada lei deveria ter sido elaborada por uma autoridade e acompanhada de punição proporcional à violação cometida.

Se, como vimos em capítulo anterior, o próprio cerne da teoria política hobbesiana afirma que não há nenhum tipo de autoridade no estado de natureza, ou seja, se todos os seres humanos são ou devem ser considerados iguais por natureza, não haveria nenhum tipo de autoridade que pudesse outorgar a lei.

Um segundo argumento parte do princípio de que no estado de natureza não há crime, nem sequer noções de justo e injusto e, portanto, que ninguém pode ser punido por suas ações. Com base nas duas conclusões, Hobbes afirma que a lei de natureza, a menos que seja ela a lei divina, sendo Deus a única autoridade possível nesse estado, não é uma lei, mas sim um ditame da razão. A conclusão leva a crer que lei, no sentido preciso do termo, é tão somente a lei civil, em outras palavras, a lei positiva, ou seja, a lei dada pelo soberano, ou ainda a expressão da vontade do soberano.

A rígida coerência lógica de Hobbes permite até mesmo dizer que, se o termo lei natural é um absurdo, os termos lei civil ou lei positiva podem ser até mesmo considerados pleonasmos, visto que não haveria outra lei que não essa. Lei no sentido preciso do termo é, portanto, a positiva ou civil, ou seja, a norma que deriva de uma autoridade legítima.

Entretanto, nem mesmo o ceticismo de Hobbes a respeito da eficácia desses ditames da razão na busca pela paz o impedem de definir claramente vinte preceitos no *Do Cidadão*, posteriormente reduzidos a dezenove no *Leviatã*.

O exame detalhado das máximas ordenadas pelo bom senso, mesmo que seja conduzido a uma conclusão cética a respeito de sua eficácia, não é de todo em vão. A extensão considerável que Hobbes dedica ao tema do direito natural no âmbito geral de sua teoria política é prova de que o mesmo merece atenção especial.

A finalidade do autor em desenvolver tal tarefa parece se concentrar muito mais no fato de demonstrar que, mesmo que todos saibam como devem agir se quiserem manter a harmonia, por alguma razão não o fazem. Caberia ao cientista político desvendar tal razão através da análise da natureza humana.

Mais importante do que a definição dos vinte ou dos dezenove preceitos apresentados por Hobbes, é investigar as causas que conduzem os indivíduos a ignorarem de maneira absoluta o que ordena a razão na busca pela paz. Hobbes se encarrega de investigar as causas que demonstram por que o bom senso não predomina. Por que haveria uma tendência natural em violar tais regras?

Não sendo plausível que um indivíduo aplique uma pena qualquer a si mesmo, e não havendo nenhum tipo de mecanismo de punição externa à própria consciência do agente, a pergunta que se segue é: Por que haveria alguém de cumprir esses ditames da razão? A resposta de Hobbes a essa questão é clara: tais ditames contrariam diretamente as paixões individuais.

Embora ciente desses ditames e de sua necessidade, o indivíduo não os cumpre porque, em primeiro lugar, não há uma tendência natural que o impulsione para tal, em segundo lugar porque não teme as consequências negativas de suas ações nem a dor de sua própria consciência, nem mesmo o castigo divino. Esses seriam os dois únicos mecanismos de pressão possíveis na situação pré-política. Torna-se, portanto, claro que as paixões prevalecem ao uso da razão na ausência de um poder coercitivo capaz de controlá-las.

Segundo Locke, que igualmente compartilha com Hobbes a noção cartesiana de bom senso como exposta na primeira parte do *Discurso do Método*, o direito natural nada mais é do que a razão, a lei de natureza nada mais é do que a lei da razão.

Tal razão foi incutida por Deus por igual no espírito de todo ser humano e por isso é compartilhada de igual maneira por todos.

É essa mesma razão que faz com que cada um tenha consciência de que não deve lesar o outro em sua vida, sua liberdade, sua integridade física e seus bens, o que Locke define pelo termo propriedade no sentido amplo. Ainda segundo o autor do *Segundo Tratado do Governo Civil*, o direito positivo deve estar fundamentado no direito natural para ser considerado justo.

2 Se a lei de natureza é ou não natural

É preciso ressaltar, em primeiro lugar, que tanto quanto a política, o direito, seja ele natural ou civil, é na visão hobbesiana uma exclusividade da espécie humana. Deus, animais, crianças e loucos, carecendo de razão ou de linguagem e entendimento, dele estariam excluídos.

Em segundo lugar, Hobbes elimina o caráter absoluto ou transcendental da justiça, do direito, e dos valores morais e, retomando o paradigma sofista pelo prisma do humanismo, os define como criações da razão humana. O indivíduo, a partir de então, não seria somente a medida de todas as coisas, pois se equipara aos poderes divinos em sua capacidade de criação. Os valores morais, tanto quanto as leis civis, não seriam, portanto, absolutos, eternos, universais, transcendentais ou metafísicos, mas sim, utilizando a expressão que posteriormente seria apresentada por Nietzsche para o título de sua obra sobre moral, algo humano demasiado humano.

O direito seria, portanto, não somente humano pelo fato de emanar da razão humana, mas igualmente pelo fato de ser direcionado exclusivamente aos seres humanos.

3 Se a lei de natureza é ou não a lei divina

A doutrina do direito natural, segundo Kelsen, é sem dúvida de origem metafísico-religiosa e está baseada numa crença de que a natureza tenha sido criada por uma autoridade transcendente.

A tendência de que o direito natural se vê propenso a se distanciar de Deus para se atar cada vez mais ao ser humano se fortalece gradativamente a partir da proposta do jurisconsulto holandês Grotius. Não sendo o fundador da doutrina do Direito Natural tem o mérito, não menos significativo, de tê-lo desvencilhado do poder eclesiástico, dentro de uma proposta inédita que prevê a existência de um direito natural mesmo que um dia a tese de que Deus não exista seja comprovada (Grotius, O *Tratado da Guerra e da Paz*, XI).

Hobbes mantém as características fundamentais do direito natural, ou seja, não nega que ele seja imutável e universal. Todavia, questiona sua origem divina e é absolutamente cético do ponto de vista de sua eficácia na busca e na garantia da paz. É nítida a posição de Hobbes em descartar do âmbito do conhecimento científico tudo o que seja metafísico, transcendental ou teológico. Investigar se a lei natural é divina ou não, seria, na visão do autor, uma atividade tão absurda e inútil, quanto investigar a situação dos anjos no céu. Tais questões não seriam nem verdadeiras nem falsas, mas absurdas.

A primeira etapa do processo de conhecimento do cientista político, como já frisamos anteriormente, é reconhecer o que pode do que não pode ser investigado de maneira científica.

Hobbes, numa postura cética, por assim dizer, suspende o julgamento e concentra sua investigação na busca das causas do fracasso do direito natural em vista do alcance da paz. Se a lei natural é ou não a lei divina passa a ser uma questão secundária sendo substituída pela questão de se investigar as causas principais de sua falta de eficácia.

"A mesma lei que é natural e moral também é merecidamente chamada divina, tanto porque a razão, que á a lei de natureza, foi outorgada por Deus a cada homem como regra de suas ações..." (Hobbes, 1992, p. 85).

É divina, mas não porque provém de Deus. É divina porque provém da razão, esta sim, outorgada por Deus para os indivíduos no ato da Criação. No *Leviatã*, essa laicização é ainda mais reforçada. Precursor da teoria nietzschiana, ao declarar que os juízos morais não são transcendentais, mas humanos, Hobbes, seguindo a linha já proposta por Grotius, dá um passo significativo no sentido de laicizar a lei moral ou a lei natural.

Num primeiro momento, o autor afirma que a lei natural é a lei moral e esta seria a lei divina para, num segundo momento, questionar o significado das três expressões.

Se no *Do Cidadão* a lei de natureza é a lei divina, no *Leviatã*, a mesma afirmação será posta em xeque. Hobbes prefere não entrar no mérito da questão e deixar em suspenso se de fato a lei de natureza é a lei divina ou não. Apenas afirma que somente no primeiro caso pode apropriadamente ser denominada lei, pois Deus seria a única autoridade no estado de natureza regido pelo princípio da igualdade (Hobbes, 1992, págs. 86, 87, 98).

A esfera da moral kantiana, como criação da razão prática, parece buscar seu fundamento na tese hobbesiana de que a lei de natureza, sendo a lei moral, é derivada exclusivamente da razão humana. A laicização da moral em Hobbes, assim como em Kant, é explícita. Definitivamente, Deus está excluído da moralidade. Entretanto, ao contrário do contratualista inglês, Kant não oferece uma lista de leis a serem seguidas pois, acima de tudo, deve preservar a liberdade do agente moral. Por essa mesma razão, a lei moral não é dada mas sim expressa na forma do imperativo categórico e cabe a cada um, diante de cada situação determinada, estabelecê-la e segui-la, por amor e não por dever.

Do ponto de vista da eficácia o direito natural fracassa. Constata-se que indivíduo não obedece à lei moral por uma conjunção de várias razões: primeiro porque ela não é dada por Deus, quer dizer, ele não teme o castigo divino; segundo porque ela é contra suas paixões naturais; terceiro porque não haveria nenhum tipo de punição externa à consciência do agente; quarto e último argumento, por que ele não teme sua própria consciência. Resumindo, todos os argumentos recaem num só: violando ou não os preceitos do direito natural, o ser humano não teme as consequências de seus atos. É o temor da punição que vai além do plano da consciência do agente (foro interno), o elementoe que irá coibir a ação do ser humano.

O mecanismo que garante a eficiência da lei moral em Kant é o amor. A lei moral deve ser cumprida por amor a ela, por dever e não em conformidade com ele. A consciência do agente moral seria, portanto, o principal fator do bom cumprimento da lei visto que tem, ao mesmo tempo, o direito de fazer a lei e o dever de cumpri-la. Do cidadão hobbesiano não se pode esperar que cumpra a lei por amor e não por dever como pretende Kant.

4 Se a lei de natureza é ou não a lei moral

Hobbes afirma que a lei natural é a lei moral, todavia, não é transcendental, mas humana, nesse sentido não é divina, nem mesmo natural e, principalmente, não pode ser chamada lei no sentido preciso do termo.

Cabe lembrar que a moral hobbesiana não é cristã, não é transcendental, não é eterna, não é imutável. A esfera da moralidade em Hobbes é tão humana, artificial, temporal e tão passível de alteração quanto o contrato que fundando a noção de justiça por intermédio da lei civil, funda igualmente o justo do ponto de vista moral. A partir do momento em que a lei civil é definida, a moral está nela embutida e é nesta última que se funda. Ambas, fundidas num único sistema legal, são artificiais.

5 Se a lei de natureza é ou não a lei positiva

Ainda que Hobbes não possa ser classificado como um jusnaturalista no sentido estrito do termo, pois não crê que o direito natural seja o fundamento do direito positivo, tampouco em sua eficácia, é preciso ressaltar que o autor define de maneira clara, inicialmente no *Do Cidadão*, os vinte ditames da razão, ou seja, regras de conduta que devem ser respeitadas para garantir a paz, reduzidas a dezenove no *Leviatã*. Tais leis não são nada mais do que o bom senso indica como ação mais adequada na busca pela paz.

Ainda assim, o autor deixa transparecer que a definição das mesmas, de maneira escrita, não é um empreendimento completamente inútil. Se todo indivíduo, a partir do momento que é dotado de razão, é capaz de definir para si próprio tais ditames, é preciso entender por que razão não os respeita.

Se tanto os conceitos de lei natural quanto de direito natural são, na visão de Hobbes, expressões equivocadas, só resta a conclusão de que o único direito possível é o civil ou positivo.

Hobbes mantém as distinções básicas entre lei natural e lei civil ou positiva, ou seja: Se a lei natural é eterna, imutável, universal e não escrita, a lei positiva, por outro lado é de caráter particular a cada Estado, expressamente formulada e suscetível de alterações.

A lei civil em Hobbes não é tal como em Rousseau, a expressão da Vontade Geral. Segundo o autor, a lei civil ou tão somente a lei, pois não haveria outra que pudesse se aplicar devidamente ao termo, é *"a declaração da vontade do soberano"* (Hobbes, 1992, p. 128).

Cabe ainda lembrar que por soberano, definido como a alma dessa pessoa artificial, Hobbes entende tanto uma única pessoa quanto uma assembleia.

A distinção entre *jus naturale* e *jus civile* em Hobbes não tem por base o caráter supostamente natural do primeiro e o artificial do segundo, pois, como vimos acima, ambos são igualmente considerados artefatos. A distinção reside em duas questões básicas: a questão da autoridade e a questão da punição. Uma vez instituído o Estado Político, a relação entre *jus naturele* e *jus civile* em Hobbes nem sempre é clara. Se uma lei civil contraria um preceito moral, o indivíduo/cidadão não sabe qual dos dois sistemas deve obedecer. Qual caminho deverá guiar sua ação? O impasse certamente gerará conflito. Instituído o Estado Político, dois sistemas distintos não devem coexistir. A lei natural, seja ela lei, natural, moral, ou divina, deve estar contida na lei civil. O direito positivo passa a ser o único sistema de referência para guiar a ação humana.

A justiça como virtude moral não precede a lei civil e por essa mesma razão não pode ser seu fundamento. Ao contrário, a justiça é a expressão da vontade do soberano e só aparece, portanto, depois que o contrato se instaura. Justiça e contrato, Estado, direito e lei, são termos que surgem de maneira interdependente e simultânea. O indivíduo justo é aquele que inicialmente não viola o contrato que funda o Estado Político e num segundo momento é aquele que não viola a autoridade legislativa do soberano expressa através da lei civil.

O medo, que no estado de natureza se refere, principalmente, à certeza da morte violenta e precoce em face da limitada capacidade do indivíduo em garantir sua própria sobrevivência, torna-se uma necessidade para a manutenção da paz no Estado Político.

O medo da autoridade do soberano, que poderia ser traduzido como medo da coerção da lei, ou ainda, no sentido metafórico utilizado pelo autor, o medo da espada do soberano, seria fundamental para o controle da força das paixões humanas.

A análise do Estado de Natureza não deixa dúvida de que, em primeiro lugar, a conduta humana precisa ser regrada e, em segundo lugar, que a lei natural é completamente inadequada e ineficaz para tal fim. Definitivamente a moral não é um meio adequado para o alcance da paz. A esfera da moralidade se mostra claramente um meio insuficiente para que haja uma certa garantia de ausência de conflitos e hostilidades entre os indivíduos por um motivo lógico bem definido: a moral provém da razão humana e, onde não há lei civil, as paixões tendem a predominar sobre o uso da razão.

A conduta humana deve ser regrada não somente por normas e não somente por leis, mas principalmente por sanções.

A ideia kantiana de uma lei universal da natureza, como apresentada no imperativo categórico, não faz sentido em Hobbes porque esta estaria fundamentada na razão, elemento, na visão de Hobbes, frágil diante da força das paixões. Do ponto de vista da eficácia do direito em função da manutenção da paz, não há dúvida: Hobbes elege o soberano como o legislador. Não se deve esquecer, todavia, que esse soberano, mesmo para o monarquista Hobbes, pode ser tanto uma só pessoa como uma assembleia. No caso da democracia o Estado em Hobbes se assemelha ao de Rousseau, onde o indivíduo ora exerceria a função de soberano, ora a função de cidadão.

Visto, de maneira equivocada, como teórico da soberania absoluta no sentido de uma autoridade despótica, tirânica e arbitrária, Hobbes surpreende mais uma vez seu leitor com a exposição sobre os direitos civis, as chamadas liberdades civis. A transferência do direito de governar a si mesmo a um representante no ato do contrato, que a primeira vista parece absoluta, num segundo momento se choca com a constatação de que os cidadãos no Estado Político usufruem de certos direitos.

São eles basicamente cinco:

1. Direito à vida e à integridade física;
2. Direito a não servir o exército (caso não se julgue apto para guerrear o soldado tem o direito de recusar tal atividade, desde que não seja um mercenário e que seja substituído por outro capaz de desempenhar a tarefa de modo eficiente);
3. Direito à desobediência civil (recusar a obediência em certos casos de abuso de poder por parte do soberano);
4. Direito à rebelião (direito de destituir o soberano e recuperar seu direito original sobre si próprio, isto é, o direito de retomar o poder que antes detinha sobre sua própria pessoa);
5. Direito à propriedade.

Finalmente, Hobbes conclui que se a lei de natureza é chamada lei é devido ao fato de que em todos os Estados do mundo é parte das leis civis e afirma que *"Tudo o que escrevi neste tratado sobre as virtudes morais, e sua necessidade para a obtenção e preservaçao da paz, embora seja evidentemente ver-*

dadeiro não passa por isso a ser lei. Se o é, é porque em todos os Estados do mundo faz parte das leis civis" (Hobbes, 1988, p. 167).

6 Se a lei de natureza é ou não a lei no âmbito do direito internacional

Examinando rigorosamente a questão do ponto de vista da linguagem, o nominalista Hobbes parece indicar em sua conclusão que a lei de natureza não é propriamente uma lei, nem seria natural. Além disso, pode ou não ser divina. Todavia, o autor afirma que ela é a lei moral, portanto, não é natural, nem divina, nem transcendental, mas humana. Resta ainda investigar se a lei de natureza é a lei no plano internacional.

O argumento hobbesiano parte, num primeiro momento, do princípio de que a lei natural é a lei moral. Num segundo momento, afirma que a lei moral é a lei divina e por fim conclui que a lei natural não é nem lei, nem natural. O autor prefere suspender o julgamento a respeito de classificá-la como divina ou não. Todavia, o direito natural se mantém, claramente, como o direito que tem lugar entre os Estados. Hobbes é categórico ao afirmar que *"No que se refere às atribuições de um soberano para com o outro, que estão incluídas naquele direito que é comumente chamado direito das gentes, não preciso aqui dizer nada, porque o direito das gentes e a lei de natureza são uma e a mesma coisa"* (Hobbes, 1988, p. 210).

As leis de natureza, ou melhor, esses ditames da razão, se dirigem tanto aos indivíduos quanto aos Estados. Em ambos os casos não poderiam ser chamadas leis no sentido preciso do termo, devido à falta de dois requisitos essenciais ao conceito: autoridade e punição. Tanto quanto os indivíduos, os Estados compartilham entre si uma espécie de bom senso que, em princípio, deve regrar as relações entre eles. No entanto, ausência de poder superior e ausência de punição faz com que cada Estado, assim como cada indivíduo, seja juiz em causa própria.

A consequência seria a mesma nos dois casos, ou seja, um estado de guerra generalizado. Não prescrevem punições e por essa razão são pouco eficazes na busca pela paz.

Caberia ainda analisar se o direito natural poderia ser visto como o direito internacional. Com base nos mesmos pressupostos com os quais o autor define a distinção entre lei natural e lei civil, Hobbes vai manter a tese de que a lei natural, ou seja, o direito das gentes, o direito que se aplica a todos os povos, definido por Grotius como *"o direito que tem lugar entre muitos povos ou entre condutores de Estados"*. é aquele que vigora entre países em todos os tempos. O autor utiliza-se da analogia entre o estado de natureza e a situação entre os Estados entre si em resposta ao leitor imaginado que possa, porventura, criticar a existência histórica do mesmo. Assim como não se deve chamar de lei a lei natural, não se deve chamar de lei a norma do direito internacional (Grotius, *Tratado da Guerra e da Paz*, 1).

A analogia entre o estado de natureza e aquele que caracteriza a situação entre Estados pode se basear tanto pela ausência de autoridade quanto pela ausência de punição definida, no caso de violação de tais preceitos. A condição de absoluta igualdade é, portanto, o que fundamenta as duas situações.

Concluindo, podemos dizer que, uma vez instituído o Estado Político, o juízo moral "bem" se torna sinônimo do conceito jurídico legal e inversamente o juízo moral "mal" sinônimo do conceito jurídico ilegal.

Melhor ainda seria afirmar que os juízos morais *bem* e *mal* só passam a ter lugar de fato e de direito a partir do momento em que a lei civil é definida. Não há, portanto, mundo moral independente do Estado Político. É ainda necessário frisar que os conceitos morais não precedem a ordem política, estão, pelo contrário, nela fundamentados.

Os planos da moral e da política devem estar intrinsecamente vinculados para que a paz possa ser garantida. Juízos de valor só podem ser estabelecidos a partir do momento em que o soberano realiza a distinção entre justo e injusto através da lei civil.

Não nos cabe aqui examinarmos a delicada relação entre ética e política na teoria política de Hobbes. É, entretanto, interessante notar que o autor está de certa maneira demonstrando a indissociabilidade entre ética e política, ao constatar que a justiça garante tanto a paz no Estado quanto a salvação da alma, tanto a felicidade do ser humano na esfera privada quanto a paz na esfera pública.

Se o sujeito da análise é sempre o mesmo, ou seja, o indivíduo, agindo simultaneamente em dupla função, pode-se perguntar ainda até que ponto esses dois fins coincidem. Hobbes parece indicar que sua intenção é abolir a distinção aristotélica entre a esfera pública e a esfera privada. Fundindo os fins da ética e da política, Hobbes cria a curiosa expressão *felicidade civil* como sinônimo de paz, como fim último de todo Estado instituído e consequência direta da lei civil estabelecida pelo soberano. Nesse sentido, é possível afirmar que não somente os fins da ética coincidem com os fins da política, como a função do Estado Político como mantenedor da ordem pública coincide com a tarefa do cientista político.

Quais seriam mais especificamente tais direitos humanos? O primeiro e o mais significativo deles seria, sem dúvida, o direito a si próprio. O indivíduo tem por natureza o direito de comandar a si próprio. Tal direito é expresso pela constatação de que os indivíduos nascem iguais entre si, ou seja, que nascem livres. Tanto o princípio da igualdade quanto da liberdade naturais teriam um único sentido, ou seja, de completa ausência de sujeição.

Tal liberdade, portanto, deve ser entendida como ausência completa de sujeição que, por sua vez, significa que toda fonte de obrigação ou sujeição provém do livre consentimento daquele que, assim deliberando, se obriga. Livre é a escolha do indivíduo de se submeter ao poder do outro no estado de natureza, assim como é livre a escolha que o indivíduo tem de tomar parte no contrato que funda o Estado e, assim fazendo, se autodefinir como cidadão. Ainda é preciso acrescentar que, por livre vontade, aquele que assim desejar não toma parte do contrato e permanece no estado de natureza, pois o contrato que funda o Estado Político não é necessariamente unânime.

Direito à própria pessoa significa, portanto, direito à liberdade. Além da visão negativa e aterrorizante da condição natural da humanidade na ausência de um poder superior, tal condição seria, em grande parte, uma consequencia da condição de liberdade e igualdade em que se encontram os indivíduos na ausência de um poder comum. Livres e iguais seriam os indivíduos na ausência de um poder superior capaz de controlá-los.

O princípio da igualdade é um dos pressupostos mais paradoxais na obra de Hobbes, pois é, por um lado, apresentado como a principal fonte da discórdia e, por outro, como um dos meios que conduz à paz, como expresso na oitava lei de natureza.

Jusnaturalismo, no sentido de ordenar normas para a conduta humana que transcendem a vontade humana e a cuja validade a lei civil deve estar submetida, certamente não é o que Hobbes tem em mente.

Entretanto, a postura muitas vezes ambígua do autor ao abordar o tema possibilita interpretações igualmente ambíguas. Dentro da linha interpretativa da escola italiana contemporânea, por exemplo, o autor é considerado simultaneamente um jusnaturalista e um juspositivista sem contradições. De fato, constatamos que é possível vincular o pensamento jurídico/político de Hobbes tanto a Grotius, o fundador do jusnaturalismo moderno, quanto a Kelsen, o fundador do positivismo jurídico.

A tese de Hobbes parece estar no fundamento da tese kelseniana de que todo direito é positivo. O positivismo jurídico, é bom lembrar, tem igualmente a pretensão científica da política hobbesiana.

O estado de natureza é caracterizado pelo direito que todos têm sobre todas as coisas. Porém, Hobbes coloca em xeque a noção de direito natural e se posiciona claramente em favor da posição juspositivista quando afirma que o direito de todos a tudo significa o mesmo que não ter direito algum e que, em última instância, todo direito é, portanto, positivo. O positivismo de Hobbes parece claro quando coloca em xeque não somente a lei natural enquanto lei, mas igualmente o direto natural enquanto direito. Lei no sentido preciso do termo é somente a civil e direito no sentido estrito do termo é exclusivamente o civil.

Por outro lado, definindo o contrato como uma transferência mútua de direito, seria logicamente necessário que houvesse algum tipo de direito que precedesse a ordem pública para que o Estado Político pudesse ser instituído.

Se Hobbes define o direito como liberdade e afirma que no estado de natureza todos têm direito a tudo, tal liberdade, tanto em relação à própria pessoa quanto em relação aos bens é, na condição natural da humanidade, irrestrita. Tal liberdade, ou seja, o fato de todo ser humano ter direito a tudo, o que equivale a dizer que não existe aí direito algum, é, na ótica de Hobbes, completamente inconveniente do ponto de vista da busca pela paz.

O pressuposto, na esfera doméstica, não somente impediria o progresso e o desenvolvimento necessários a uma vida confortável e segura, como também traria, como consequência, a destruição completa da natureza humana. No plano internacional, o pressuposto demonstra o ceticismo do autor em relação a qualquer tipo de direito que possa existir entre os Estados. A impossibilidade deriva da ausência da espada do soberano, que pudesse garantir o bom cumprimento dos contratos.

Ainda assim, Hobbes prevê uma possibilidade de acordo entre dois leviatãs. O autor não chega a sugerir a ideia kantiana de uma federação permanente de Estados soberanos como mantenedora da ordem no plano internacional, entretanto, prevê a possibilidade de um acordo entre Estados soberanos sem riscos à soberania. O acordo deve necessariamente estar fundado na questão da necessidade de segurança, nos mesmos moldes em que Maquiavel propõe para dois príncipes.

A possibilidade pode ser vista como um primeiro passo na direção dos atuais organismos internacionais. Sendo o contrato como definido originalmente pelo direito romano basicamente uma transferência de direitos, pactuar seria, por assim dizer, submeter-se ao poder do outro. Como seria então possível, na ótica de Hobbes, um pacto entre Estados soberanos, sem que os agentes contratantes abrissem mão do caráter soberano que lhes é essencial como Estados?

Como um primeiro passo na direção da federação permanente de Estados kantiana, Hobbes estabelece um único modelo de associação entre Estados soberanos, no qual o caráter absoluto da soberania das partes contratantes não seja ameaçado. Mais uma vez a condição natural dos indivíduos serve de inspiração para os conflitos na esfera internacional.

Se, com base no medo e tendo em vista a segurança, indivíduos pactuam entre si para estabelecer o Estado Político, transferindo o poder que detêm sobre si mesmos para outro de livre vontade, o mesmo poderia ocorrer entre Estados soberanos, ou seja, com base no medo e por razões de segurança, um Estado pode pactuar com outro sem que sua soberania se encontre ameaçada. É preciso ressaltar que em ambos os casos, seja dos indivíduos, seja dos Estados, o pacto se funda na livre escolha do próprio agente, que, assim procedendo, se obriga por autodeterminação.

É, portanto, na livre escolha ou no consentimento do próprio agente, seja indivíduo ou Estado, que se funda, sem contradição com o caráter soberano de ambos, a fonte de obrigação, tanto no plano da esfera doméstica quanto internacional. Interessante constatar que, na visão de Kant, um acordo entre soberanos poria fim a um determinado conflito e, por essa mesma razão, não seria o instrumento ideal para a manutenção da paz de forma duradoura. Nesse sentido o autor propõe uma federação de Estados.

Conclusão

Dos meios necessários para prevenir conflitos

Se os estudos políticos de Hobbes deixam claro que a função do cientista político deve ser comparada a de um médico, é preciso diagnosticar as possíveis fontes de conflito que desestruturam a estabilidade do Estado e estabelecer os remédios para cada uma das patologias do Estado. Se, tanto o corpo físico do rei, quanto uma assembleia morrem, o corpo político, de alguma forma, deve ser eterno.

Enumeramos a seguir, de maneira sucinta e a título de conclusão do presente trabalho, quais são as doenças, ou seja, os conflitos do corpo político apresentados por Hobbes e suas respectivas soluções.

Em primeiro lugar, se a condição de perfeita igualdade, na qual se encontram os indivíduos no estado de natureza, se mostra um inconveniente na busca pela paz, Hobbes propõe o estabelecimento de um poder superior que consolide ao menos uma hierarquia necessária à paz: a do soberano em relação ao súdito, ou seja, a do Estado em relação aos seus cidadãos (Hobbes,1988, págs. 74 e 106).

Enquanto representante da multidão que o instituiu, o soberano não reconhece a outro exceto a Deus como seu superior. Um segundo inconveniente na busca pela paz seria a condição de absoluta liberdade em que se encontram os indivíduos no estado de natureza. Sendo um direito irrestrito, o impasse se torna claro: onde todos têm direito a tudo ninguém tem direito algum.

Como solução, Hobbes propõe a transferência de tal direito a um representante comum por meio do pacto mútuo e simultâneo.[1]

Ainda, contra a situação de que todos têm direito a tudo, Hobbes propõe, como um terceiro medicamento, que o Estado Político defina a condição de proprietário através da lei civil. Só então, com a definição de propriedade legitimada e assegurada pelo direito civil, a situação de miséria *"que acompanha a liberdade dos indivíduos isolados"* será substituída pela possibilidade de acúmulo de bens necessários a uma vida confortável e segura (Hobbes, 1988, p. 77).

Um quinto aspecto reside no combate à ignorãncia que paira sobre a doutrina do direito e da

---

[1] A solução apresentada por Hobbes da transferência da liberdade natural para um representante será rejeitada tanto por Locke quanto por Rousseau. Ambos consideram a liberdade a essência da natureza humana e, portanto, um direito inalienável.

moral, e da política. Criticando jurisconsultos, filósofos e moralistas Hobbes propõe como solução a criação da ciência politica. Se a ignorância, tanto por parte de soberanos, quanto por parte dos súditos em relação aos seus direitos e deveres, é um dos fatores da discórdia, a educação adequada sobre o assunto, acompanhada de uma boa divulgação, é o melhor caminho em direção à paz.

Em sexto lugar, se a fé é, com frequência, um motivo de sedição do Estado que pode conduzi-lo até mesmo à guerra civil, Hobbes propõe que o soberano defina uma única religião oficial.

O sétimo ponto propõe a eliminação das controvérsias. Se as diferentes doutrinas e opiniões são também perigosos instrumentos de controvérsia, Hobbes propõe, que o soberano deve exercer o controle e a censura sobre elas, com a intenção de evitar distúrbios que perturbariam a paz (Hobbes, 1988, p. 110).

Em oitavo, se, na visão de Locke, a monarquia absoluta seria incompatível com o governo civil, Hobbes justifica sua preferência por tal forma de governo sobre as assembleias, pois nelas, dentre outras vantagens, como evitar um grande número de privilegiados, estaria a de evitar as prolongadas discussões que poderiam conduzir até mesmo a uma guerra civil. Sendo o monarca uma só pessoa, tem uma só vontade e uma só opinião.

A décima advertência parte do princípio de que, numa situação de guerra de todos contra todos, a consequência é que nada pode ser injusto. Portanto, é condição necessária à paz definir a justiça através da lei civil, e está, como sendo manifestação da vontade do soberano (Hobbes, 1988, p. 77).

O décimo primeiro ponto constata: se o poder político, a partir de então, é artificial, não sendo uma soberania de direito divino, nem mesmo no caso da monarquia, é necessário encontrar, como condicão necessária à paz, que a pessoa artificial da soberania tenha uma vida eterna artificial. Para evitar o retorno à condição de guerra em cada geração, Hobbes deve tratar do direito de sucessão (Hobbes, 1988, p.119).

Outro inconveniente, nosso décimo segundo, apontado pelo autor, seria a condição de juiz em causa própria que o indivíduo deve exercer na ausência de um juiz imparcial. A solução, portanto, seria atribuir ao soberano o direito de atuar como terceira parte e árbitro de controvérsias.

Em décimo terceiro, se os preceitos do direito natural se mostram ineficazes diante do predomínio das paixões sobre a razão, Hobbes propõe o conjunto de leis civis ou positivas, definidas pela autoridade do soberano e garantidas pelo poder coercitivo do Estado Político.

Em décimo quarto, se o uso da linguagem de maneira inadequada gera conflitos, é preciso elucidar os conceitos de maneira precisa para evitar contrassenso, absurdos e arbitrariedades.

É ilusória a tese de que Hobbes concentre sua atenção exclusivamente nos conflitos internos que afetam a estabilidade do Estado. Tanto quanto os conflitos domésticos, as ameaças externas podem levar o corpo político à morte. O autor afirma que *"...em vão cultuam a paz em casa os que não podem defender-se contra os estrangeiros..."* (Hobbes, 1992, p. 118).

A situação dos Estados entre si, na ótica de Hobbes é a de guerra perpétua devido à condição de igualdade e independência em que se encontram. Se a situação de guerra de todos contra todos entre os indivíduos é descrita por Hobbes como uma inclinação ou uma vontade, os Estados, da mesma maneira, estariam *"sempre na iminência da batalha com as fronteiras em armas e canhões apontados contra seus vizinhos a toda volta"* (Hobbes, 1988, p. 132).

Se os indivíduos teriam a oportunidade de, por livre vontade, deixarem tal estado por meio de um contrato mútuo, os Estados não têm a mesma possibilidade de saírem do estado de natureza em que se encontram e estariam condenados a uma situação de guerra perpétua.

Ainda assim, Hobbes, prevê algumas atitudes para minimizar a guerra perpétua em que os Estados se encontram pela própria natureza de sua soberania.

Em primeiro lugar é preciso saber qual é o poder dos Estados vizinhos. Em segundo lugar, enviar mensageiros em nome da paz para tais Estados que, como mostra a décima terceira lei de natureza, devem ter salvo-conduto devido a finalidade de suas ações. A imunidade dos mediadores da paz em função no estrangeiro é condição para que a mesma seja buscada (Hobbes, 1988, p. 93).

Em terceiro lugar, Hobbes prevê, como Maquiavel, a possibilidade de um Estado fazer aliança com outro mais poderoso. Entretanto, alerta que tal procedimento não é aconselhável, a menos que haja necessidade.

Bibliografia

ARENDT, Hannah, (1993) *Lições sobre a Filosofia Política de Kant*, tradução de André Duarte de Macedo, Rio de Janeiro, Relume-Dumará.

ARISTOTLE, (1968) *The Politics*, translated with an Introduction, notes and Appendixes by Ernst Barker, Oxford, Oxford University Press.

_____, (1988) *A Política*, Brasília, Editora da Universidade de Brasília.

ARON, Raymond, (1982) *Paz e Guerra entre as Nações*, Brasília, Editora Universidade de Brasília.

AUBREY, John, (1962) *Brief Lives*, ed. Oliver Lawson Dick, Harmondesworth.

BOBBIO, Norberto, (1992) *Dicionário de Política*, Brasília, Editora Universidade de Brasília.

_____, (1992) *Direito e Estado no Pensamento de Emanuel Kant*, trad. Alfredo Fait, Brasília, Editora Universidade de Brasília.

_____, (1981) *Sociedade e Estado na Teoria Política Moderna*, São Paulo, Editora Brasiliense.

_____, (1991) *Thomas Hobbes*, Rio de Janeiro, Campus.

_____, (1989) *Thomas Hobbes*, Turin.

BODIN, Jean, (1576) *Six Livres de la République*, Fayard.

BOUCHER, David, (1994) *The Social Contract from Hobbes to Rawls*, London, Routledge.

BOWLE J., (1951) *Hobbes and his Critics*, Jonathan Cape, London, 1951.

BROWN, Keith, (1965), *Hobbes Studies*, Oxford, Blackwell.

BROWNLIE, I., (1990) *Principles of Public International Law*, 4th ed., Oxford University Press.

GAUTHIER, David P., (1969) *The Logic of Leviathan, the Moral and Political Theory of Thomas Hobbes*, Oxford, Clarendon Press, 217 p.

_____, (1990) *Hobbes's Social Contract*, Perspectives on Thomas Hobbes, Oxford, Oxford University Press.

GOLDSMITH, M.M., (1966) *Hobbes's Science of Politics*,

Columbia University Press, New York, London, 274 p.

GOYARD-FABRE, Simone, (1975) *Le Droit et la Loi dans la Philosophie de Thomas Hobbes*, Paris, Edition Klinsksieck.

GOUGH, J.W., (1957), *The Social Contract: A Critical Study of ist Development*, Oxford, Clarendon Press.

GROTIUS, Hugo, (1724) *Le Droit de la Guerre et de la Paix*; tradução e notas de Jean Barbeyrac, Leyde e Basle.

HAMPTON, Jean, (1986) *Hobbes and the Social Contract Tradiction*, New York, Cambridge University Press.

HOBBES, Thomas., (1992) *Do Cidadão*, Tradução de Renato Janine Ribeiro, São Paulo, Martins Fontes.

_____, (1994) *The Elements of Law (Human Nature and De Corpore Político)*, The World´s Classics, Oxford University Press.

_____, (1985) *Leviathan*, Penguin Classics, Middlesex, London.

_____, (1987) *Leviathan*, Introduction by Kenneth Minogue, London and Melbourne Everyman´s Library, London.

_____, (1968) *Leviathan, or Matter Form and Power of a Commonwealth*, introduction by C. B. Macpherson; Penguin Books, Harmoondsworth, Middlesex, England.

_____, (1971) *Leviathan*, Editions Sirey, Paris, 3ª ed. 1983; introdução, tradução e notas de François Tricaud.

HOBBES, Thomas, (1988) *Leviatã*, Nova Cultural, São Paulo, 4ª ed., tradução de João Paulo Monteiro e Maria Beatriz Nizza da Silva.

HOBBES, Thomas, (1994) *The Correspondence*, ed. Noel Malcom, vol. II, Oxford.

HOBBES, Thomas, (1995) *Three Discourses, A Critical Modern Edition of Newly Identified Work of the young Hobbes*, Chicago and London, University of Chicago Press.

KANT, Immanuel, (1939) *A Paz Perpétua*, Ensaio Filosófico, coeditora Brasílica, Rio de Janeiro.

KELSEN, Hans, (1979) *A Justiça e o Direito Natural*, tradução e prefácio de João Baptista Machado, Ed. Armenio Amado, Coimbra, Coleção Estudium.

_____, (1987) *A Teoria Pura do Direito*, Martins Fontes.

_____, (1998) *A Ilusão da Justiça*, Martins Fontes.

LAFER, Celso, (1988) *A Reconstrução dos Direitos Humanos*,

Companhia das Letras.

_____, (1979), *Hannah Arendt, Pensamento e Poder*, Rio de Janeiro, Paz e Terra.

_____, (1980) *Hobbes, o Direito e o Estado Moderno*, São Paulo, Associação dos Advogados de São Paulo.

LOCKE, John, (1978) *Segundo Tratado do Governo Civil*, São Paulo, Abril Cultural.

McNEILLY; F, S., (1968) *The Anatomy of Leviathan*, London, Macmilan & Co.

MAQUIAVEL, Nicolau, (1973) *O Príncipe*, São Paulo, Abril Cultural.

MARTINICH, Aloysius, P., (1992), *The Two Gods of Leviathan: Thomas Hobbes on Religion and Politics*, Cambridge University Press.

NAPOLI, Andrea, (1990) *Hobbes Oggi*, Milan.

OAKESHOTT, M., (1975), *Hobbes on Civil Association*, Oxford, Basil Backwell.

PLATÃO, *A República*, Fundação Calouste Gulbenkian, 5. Ed. Lisboa.

RAWS, John, (1971) *A Theory of Justice*, Cambridge, Massachusetts, Harvard University Press.

_____, (1973) *A Theory of Justice*, Oxford University Press, Oxford.

REALE, Miguel, (1984) *Lições Preliminares de Direito*, São Paulo, Saraiva.

_____ (1982) *Filosofia do Direito*, São Paulo, Saraiva.

_____, (1984) *Direito Natural/Direito Positivo*, São Paulo, Saraiva.

REIK, Miriam, (1977) *The Golden Lands of Thomas Hobbes*, Detroit.

RIBEIRO, Renato Janine, (1978) *A Marca do Leviatã, Linguagem e Poder em Hobbes*, São Paulo, Ática.

_____, (1984) *Ao Leitor sem Medo; Hobbes Escrevendo Contra o seu Tempo*, São Paulo, Brasiliense.

ROUSSEAU, Jean-Jacques, (1987) *A Project of Perpetual Peace*, in Philosophical Perspectives on Peace, Ohio University Press, Ohio.

_____, (1989), *Discurso sobre a Origem e os Fundamentos da Desigualdade entre os Homens*, São Paulo, Universidade de Brasília e Editora Ática.

_____, (1978) *Do Contrato Social*, Coleção os Pensadores, São Paulo, Abril Cultural.

SKINNER, Quetin R. D., (1996) *As Fundações do Pensamento Político Moderno*, São Paulo, Companhia das Letras.

_____, (1988) *Maquiavel*, São Paulo, Editora Brasiliense.

_____, (1978) *The Foundation of Modern Political Thought*, 2 volumes, Cambridge University Press, Cambridge.

_____, (1996) *Reason and Rhetoric in the Philosophy of Hobbes,*

SOREL, Tom, (1986) *Hobbes*, London, 1991 p. 163.

_____, (1996) *The Cambridge Companion to Hobbes,* Cambridge, Cambridge University Press, p. 404.

STRAUSS, Leo, (1986) *Droit Naturel et Histoire*, Flamarion.

_____, (1965) *Hobbes´s Politische Wissenschaft*

_____, (1956) *Naturrecht und Geschichte*, Stuttgart.

_____, (1952) *The Political Philosophy of Hobbes: Its Basis and Genesis,* Oxford, Oxford University Press. 1936, Chicago, 1961.

TÖNNIES, Ferdinand, (1971), *Thomas Hobbes, Leben und Lehre*, Stuttgart, Bad Cannstatt: F. Frommann Verlag. 1925, 323 p.

TUCK, Richard, (1993) Natural Rigths Theories: Their Origin and Development, *Cambridge.*

_____, (1989) *Hobbes*, Oxford, New York, Oxford University Press, Past Masters.

_____, (1993) *Philosophy and Government 1572-1631*, Cambridge.

_____, (1988) *Optics and Sceptics: The Philosophical Foundations of Hobbes's Political Thought*, ed. Edmund Leites, Conscience and Casuistry no Início da Europa Moderna, Cambridge.

WARRENDER, H., (1957) *The Political Philosophy of Hobbes: his theory of obligation,*, Oxford, Clarendon Press, 1970, 346 p.

WATKINS, J.W.N., (1973) *Hobbes's System of Ideas: A Study*

in the Political Significance of Philosophical Theories, Hutchinson & C., London, 1965.

WITGENSTEIN, L., (1998) *Tractatus Logico-Philosophicus*, with an Introduction by Bertrand Russell, Routledge, London and New York, 1922.

Artigos

ARON, Raymond, «De la Guerre» in *Espoir et Peur du siècle*, 1957; Eng.trans. On War, 1958.

ASHCRAFT, Richard, "Hobbes's Natural Man: A Study in Ideology Formation", *Journal of Politics*, 33 (1971), p. 1076-171.

BAPTISTA, Ligia Pavan, Ethics, (1998) "Citizenship and Democracy: Universal Principes of the Modern State", *Applied Ethics*, vo. VI (2) Kirchberg am Wechsel, Austrian Ludwig Wittgenstein Society, pp. 142-146.

_____, "O Estatuto da Paz na Teoria Política de Thomas Hobbes", *Cadernos de História e Filosofia da Ciência*, série 3, v. 5, n. 1-2, p. 87-103, Universidade de Campinas, São Paulo, 1995.

BOBBIO, Norberto (1962), "Hobbes e il Giusnaturalisme", *Rivista Critica di Storia della Filosofia*, vol. XVII, 1962.

CURLEY, Edwin, "The State of Nature and Its Law in Hobbes and Spinoza", *Philosophical Topics*, v. 19, n. 1, p. 99-117, Spring, 1991.

DANIEL, Stephen H., *"Seventeenth-Century Scholastic Treatments of Time"*, Journal of the History of Ideas, *v.XLII , pp. 587-606, OCT/DEC, 1981.*

DARMOSCH JR., Leopold, "Hobbes as Reformation Theologian: Implications of the free-will Controversy", *Journal of the History of Ideas*, 40, p. 339-352, 1979.

DASCAL, Marcelo, "Signos e Pensamento Segundo Leibniz, Hobbes, Locke e Descartes", *Discurso*, n.6, Departamento de Filosofia da FFLCH da USP, 1975.

Forsyth, Murray, "Thomas Hobbes and the Constituent Power of the People", Political Studies, 1981, vol XXIX p. 191-203.

FORSYTH, Murray, "Thomas Hobbes and the External Relations of States", *British Journal of International Studies*, 1979, vol. 3, p. 196-209.

GEERKEN, John H., "Machiavelli Studies Since 1969", *Journal of the History of Science*, v.37 p. 351-368, April/June, 1976.

GRAY, Robert, "Hobbe's System and Early Views", *Journal of the History of Ideas*, v. XXXIX, p. 199-215, April/June, 1978.

GREENE, Robert A., "Instinct of Nature: Natural Law, Synderesis, and the Moral Sense", *Journal of the History of Ideas*, 58.2, 1997, p. 173-198.

HACKING, Ian, "Artificial Phenomena", *The British Journal for the History of Science*, v.24 p. 235-41 June 91.

HARIMAN, Robert, "Composing Modernity in Machiavelli's Prince", *Journal of the History of Ideas*.

HARTMAN, Mark, "Hobbes's Concept of Political Revolution", *Journal of the History of Ideas*, v.47, pp. 487-95 July/September, 1986.

HEYD, David, "The Place of Laughter in Hobbes's Theory of Emotions", *Journal of the History of Ideas*, v.XLIII, pp. 285-295 April/June, 1982.

HERBERT, Gary B., "Hobbes's Phenomenology of Space", *Journal of the History of Ideas*, v.48, pp. 709-17 October/December – 87.

HUNGERLAND, I.,"The Updation of the Leviathan", *Hobbes Studies*, Vol. III, p. 37, 1995.

JOHNSON, Curtis, "The Hobbesian Conception of Sovereignty and Aristotle's Politics", *Journal of the History of Ideas*, v.46, p. 327-47 July/September.

KELLEY, Donald R., "Foundations of Modern Political Thought", *Journal of the History of Ideas*, v. p.

LAFER, Celso, "Hobbes visto por Bobbio", *Revista Brasileira de Filosofia*, fasc. 164, out/nov/dez 1991.

LEIJENHORST, C., "Hobbes an Fracastoro", *Hobbes Studies*, Vol. IX, p. 98-128, 1996.

LUDWIG, B., "Scientia civilis more geometrico: Die Methode als architektonisches Prinzip in Hobbes's Leviathan", *Hobbes Studies*, Vol. III, p. 46-87, 1995.

LUND, William R., "Hobbes on opinion, private judgement and civil war", History of Political hought, vol XIII, n. 1, 1992.

Lund, William R., "Tragedy and Education in the State of Nature: Hobbes on Time and the Will", *Journal of the History of Ideas*, v. 48, p. 393-410, Jul.-Sept., 1987.

MALHERBE, M., "Hobbes et la mort du Léviathan: opinion, sédition et dissolution", *Hobbes Studies*, Vol. IX, p. 11-20, 1996.

MARTIN, R. M. "On the Semantics of Hobbes", *Philosophy and Phenomenological Research*, 14, p. 205-11, 1983-84.

MASSA, Daniel, "Giordano Bruno's Ideas in Seventeenth-Century England", *Journal of the History of Ideas*, v.38, p. 227-241, April/June, 1977.

MICHAEL, Emily and Michael, Fred S., "Corporeal Ideas in Seventeenth-Century Psychology", *Journal of the History of Ideas* v., p. 31-48.

MISSNER, Marshall, *"Skepticism and Hobbe's Political Philosophy"*, Journal of the History of Ideas, *v.44, p. 407-427, JULY/SEPTEMBER, 1983*.

_____, "Hobbes's Method in Leviathan", *Journal of the History of Ideas*, v. 38, pp. 607-562, OCT.-DEC.1977.

MONTEIRO, João Paulo, "O Estado e a Ideologia em Thomas Hobbes", *Relações Internacionais*, 3, 1980.

_____, "Democracia Hobbesiana e Autoritarismo Rousseauniano", *Manuscrito*, Universidade Estadual de Campinas, vol. III, n. 2 - abril de 1980.

NEDERMAN, Cary J., "The Meaning of Aristotelianism" in "Medieval Moral and Political Thought", *Journal of the History of Ideas*, 57.4. October, 1996.

OAKLEY, Francis, "The Absolute and Ordained Power of God and King in the Sixteenth and Seventeenth Centuries: Philosophy, Science, Politics and Law", *Journal of the History of Ideas*.

PACCHI, Arrigo, «Hobbes et la Puissance de Dieu», *Philosophie*, n. 23, p. 80-92, été, 1989.

PAGALLO, U., "Bacon, Hobbes and the Aphorisms at Chatsworth", *Hobbes Studies*, Vol. IX, p. 21-31, 1996.

PASQUALUCCI, Paolo, "Hobbes and the Myth of "Final War", *Journal of the History of Ideas*, v.51, p. 647-57 October/December 90.

PATERMAN, Carole, "God Hath Ordained to Man a Helper": Hobbes, "Patriarchy and Conjugal Right".

PECHARMAN, M., "La présence d´Aristote dans la logique de Hobbes: le statut des catégories", *Hobbes Studies*, Vol. III, p.

105-124, 1995.

PECK, Linda Levy, "Hobbes on the Grand Tour: Paris, Venice or London?" *Jornal of the History of Ideas*, 57. 1, 1996, p. 177- 183.

PYCIOR, Helena M., "Mathematics and Philosophy: Wallis, Hobbes, Barrow, and Berkeley", *Journal of the History of Ideas*, v. 48, p. 265-286, APRIL/JUNE, 1987.

ROSA, Susan, "Seventeenth-Century Catholic Polemic and the Rise of Cultural Rationalism: An Example from the Empire", *Journal of the History of Ideas*, 57. 1, January 1996.

RUSSELL, Paul, "Hume's Treatise and Hobbes's The Elements of Law", *Journal of the History of Ideas*, v. 46, Jan.-Mar., 1985.

SARASOHN, Lisa T., "Motion and Morality: Pierre Gassendi, Thomas Hobbes and the Mechanical World-View", *Journal of the History of Ideas*, v.46, p. 363-79 July/September 85.

SARACINO, M. "Hobbes, Shakespeare and the Temptation to Skepticism", *Hobbes Studies*, Vol. IX, p. 36-50, 1996.

SCHUMANN, K., "Le Short Tract, première oeuvre philosophique de Hobbes", *Hobbes Studies*, Vol. III, p. 3-36, 1995.

SELDEN, Raman, "Hobbes and Late Metaphysical Poetry", *Journal of the History of Ideas*, v.

SKINNER, Quentin R.D., "Thomas Hobbes and the Nature of the Early Royal Society", *Historical Journal* 12, 1969.

SKINNER, Quentin R.D., "The Ideological Context of Hobbes's Political Thought", *Historical Journal* IX, 3, 1966 p. 286-317.

SORGI, G., "At the Core of Hobbes Thought: the Teramo Hobbes Conference", *Hobbes Studies*, Vol. IX, p. 3-10, 1996.

_____, "Bodies Politic / Subordinate Bodies", *Hobbes Studies*, Vol. IX, p. 71-87, 1996.

SORREL, Tom, "Hobbes's Persuasive Civil Science", *The Philosophical Quarterly*, vol.40 n.3.

TUKIAINEN, Arko, "The Commonwealth as a Person in Hobbes's Leviathan", *Hobbes Studies*, vol. VII, 1994.

Warrender, Howard, "Hobbes and Macroethics: The Theory of Peace and Natural Justice", *Hobbes's "Science of Natural Justice"*, ed. C. Walton and P. J. Johnson (Dordrecht: Martinus Nijhoff, 1987, pp. 297-308.

WATKINS, "Philosophy and Politics in Hobbes", *Philosophical Quarterly*, vol. 5, pp. 125-146, 1955.

WATSON, George, "Hobbes and the Metaphysical Conceit", *Journal of the History of Ideas*, v. 16, p. 558-562, October, 1955.

ZAGORIN, Perez, "Hobbes´s Early Philosophical Development", *Journal of the History of Ideas*, p. 511, 1993.

_____, "Hobbes on our Mind", *Journal of the History of Ideas*, v.51 p. 317-35 April/June 90.

_____, "Thomas Hobbes's Departure from England in 1641: An Unpublished Letter", *Historical Journal* 21, 1978, p. 157-60.

_____, "Two Books on Thomas Hobbes" *Journal of History of Ideas*, 1999, 60. 2 pp. 361-371.